숏폼으로
성공하는
마케팅 원칙
100

KB134781

숏폼으로 성공하는 마케팅 원칙 100

1판 1쇄 발행 2024년 1월 4일

지은이 아카시 가쿠토
옮긴이 구수영
펴낸이 장성두
펴낸곳 주식회사 제이펍

출판신고 2009년 11월 10일 제406-2009-000087호
주소 경기도 파주시 회동길 159 3층 / **전화** 070-8201-9010 / **팩스** 02-6280-0405
홈페이지 www.jpub.kr / **투고** submit@jpub.kr / **독자문의** help@jpub.kr / **교재문의** textbook@jpub.kr

소통기획부 김정준, 이상복, 김은미, 송영화, 권유라, 송찬수, 박재인, 배인혜, 나준섭
소통지원부 민지환, 이승환, 김정미, 서세원 / **디자인부** 이민숙, 최병찬

진행 김은미 / **교정 · 교열** 이정화 / **표지 · 내지디자인** nu:n
용지 에스에이치페이퍼 / **인쇄** 한승문화사 / **제본** 일진제책사

ISBN 979-11-92987-60-6 (03320)
값 18,000원

※ 이 책은 저작권법에 따라 보호를 받는 저작물이므로 무단 전재와 무단 복제를 금지하며,
   이 책 내용의 전부 또는 일부를 이용하려면 반드시 저작권자와 제이펍의 서면 동의를 받아야 합니다.
※ 잘못된 책은 구입하신 서점에서 바꾸어드립니다.

제이펍은 여러분의 아이디어와 원고를 기다리고 있습니다. 책으로 펴내고자 하는 아이디어나 원고가 있는
분께서는 책의 간단한 개요와 차례, 구성과 지은이/옮긴이 약력 등을 메일(submit@jpub.kr)로 보내주세요.

숏폼으로 성공하는 마케팅 원칙 100

아라시 가쿠토 지음 **구수영** 옮김

Jpub
제이펍

Contents

Opening 동영상에서 승리하는 방법

Chapter 1 비즈니스의 대전환기, 동영상의 10가지 변화

Contents

▶ Ⅱ ▸Ⅰ ── ○

Chapter 2 숏폼이 SNS 커뮤니케이션에 불러온 3대 변혁

Contents

Chapter 5 현재에서 살아남고 미래에서 이길 무기, 동영상

최근 숏폼 플랫폼인 틱톡, 유튜브 쇼츠, 인스타그램 릴스 등이 전 세계적으로 인기를 끌고 있다. 한국도 예외는 아니다. 오픈서베이에서 공개한 '소셜미디어·검색포털 트렌드 리포트 2023'[1]에 따르면, 응답자 중 68.9%는 숏폼을 시청한 경험이 있으며, 이는 전년 대비 12.4% 증가한 수치다. 특히 10대(85.0%)와 20대(82.9%)의 경우, 이미 주요 커뮤니케이션 플랫폼으로 숏폼이 자리를 잡았다는 사실을 알 수 있다.

숏폼이 이처럼 빠르게 보급되는 이유는 무엇일까? 일단 스마트폰의 발달이 숏폼의 흥행에 결정적인 역할을 했다는 점은 분명하다. 스마트폰 보급률이 높아지면서 누구나 손쉽게 동영상을 촬영하고 공유할 수 있다. 게다가 스마트폰의 카메라 성능이 향상되면서 누구든지 전문가 수준의 동영상을 촬영할 수 있게 되었다.

다만 같은 이유로 너무 많은 정보와 콘텐츠가 쏟아지고 있는 것도 현실이다. 과거에는 다양한 콘텐츠를 접할 기회가 제한적이었지만, 지금은 다양

_____

1 https://blog.opensurvey.co.kr/trendreport/socialmedia-2023/

한 콘텐츠가 세상에 과하다 싶을 만큼 넘쳐난다. 사람들은 수많은 콘텐츠 속에서 자신의 관심사를 찾기 위해 많은 시간을 할애해야 한다. 이 과정에서 많은 이가 점차 인내심을 잃게 되었고, 결국 짧은 시간에 많은 정보를 전달하는 콘텐츠, 즉 숏폼을 선호하게 되었다.

숏폼은 '틱톡 챌린지'로 대표되는 단순한 오락성 콘텐츠를 넘어 이제는 뉴스, 정보 등 다양한 분야에서 빠르게 확산되고 있다. 이러한 변화는 분명 콘텐츠 제작자들에게 새로운 기회이자 도전 과제가 될 것이다.

이 책의 저자 아카시 가쿠토는 일본에서 '동영상의 교주'라고 불리며, 10년 넘게 동영상 업계에서 활약해온 전문가다. 이 책에서는 숏폼의 역사와 특징, 그리고 사회에 미치는 영향에 대해 다룬 뒤 숏폼 마케팅의 기본 원칙과 핵심 전략을 설명한다.

숏폼에 관심 있는 크리에이터는 물론이고, 새로운 시대를 주도하고 싶은 비즈니스맨과 지금까지는 숏폼을 소비하는 데 그쳤지만 앞으로는 직접 콘텐츠를 만들고자 하는 일반인에게도 유용한 지침서가 될 것이다. 숏폼의 시대에 적응하여 성공하고 싶다면 이 책으로 숏폼 동영상의 기본과 앞으로의 전략을 학습해보자.

구수영 드림

Commentary(추천의 글) _____

민아몬드 캔바 공식 앰버서더, ⓘ canva_amond

내가 숏폼을 시작하기 전에 이 책을 먼저 읽었다면 300만 뷰를 더 빠르게 달성하지 않았을까 하는 생각을 했다. 알고리즘보다 더 중요한 콘텐츠의 본질에 대해 이야기하는 책이다. 어떤 콘텐츠를 만들어야 하는지에 대한 방향성을 잡을 수 있는 것은 물론, 이 책을 통해 여러분이 앞으로 겪어야 할 시행착오는 절반으로 줄어들 것이다.

백디 브랜체 디자인 대표, ⓘ baekdi_

숏폼은 미디어 환경의 변화와 함께 미래의 마케팅 세계를 주도할 핵심 도구 중 하나다. 저자는 그 중요성을 강조하며 실제로 어떻게 활용해야 하는지에 대한 훌륭한 지침을 제시한다. 인스타그램을 통해 콘텐츠를 만들어 내고 있는 크리에이터로서, 읽는 내내 책에 크게 공감하고 많은 것을 배웠다. 특히 이 책에서 언급한 "마케터는 물론이고 모든 비즈니스맨과 브랜드는 크리에이터로 바꾸어야만 한다"라는 주장에 동감한다. 나 또는 나의 브랜드를 쉽고 빠르게 어필할 방법을 찾는다면 반드시 읽어보기를 바란다.

안정기 《크리에이터 이코노미》 저자, 전 구글코리아 유튜브 파트너십 매니저

모두 크리에이터가 되는 크리에이터 이코노미의 시대다. 그 변화를 가속화하는 중심에는 숏폼이 있다. 이 책은 이 업계에서 오래 일한 저자가 자신의 경험을 바탕으로 쓴 숏폼 성공 방정식에 대한 지침서다. 아직도 쇼츠와 틱톡, 릴스를 시작하기 주저하는 사람들에게 이 책을 권한다.

전진권 《진짜 쓰는 실무 엑셀》 저자, ▶ Oppadu

숏폼 콘텐츠를 제작하면서 우리가 쉽게 간과할 수 있는 콘텐츠 제작의 핵심 원칙을 알기 쉽게 정리했다. 특히 '스토리 전략'과 '크리에이터 전략'을 참고한다면 더욱 전달력 있는 콘텐츠를 제작할 수 있을 것이다.

우디 《유튜브 채널 운영을 위한 포토샵 디자인》 저자, ▶ rollstory

숏폼 시대의 도래와 어텐션의 중요성을 강조하는 이 책은 숏폼 제작에 열망을 품은 사람들에게 유용한 지침서가 될 것이다. 텍스트에서 동영상으로 바뀐 시대의 변화를 이해하고 당장이라도 숏폼을 만들어야 한다는 동기부여가 필요하다면 이 책을 보길 바란다.

이 시대의 모든 비즈니스맨에게 고한다.

AI가 당연하다는 듯이 인간과 대화하고, 전 세계에서 14억 명 이상(2023년 7월 기준)이 틱톡에 동영상을 올리는 지금, 어텐션attention[1]을 빼놓고는 마케팅을 논할 수 없다. SNS가 낳은 영향력의 씨앗인 어텐션을 얻기 위해 오늘부터 당장 할 수 있는 단 하나의 명확한 방법이 있다. 바로 동영상 촬영이다.

동영상 2.0[2] 시대에서 5년이 지났다. 드디어 때가 되었다. 특별하지 않았던 내가 특별한 존재가 된 후에 경험한 시대의 파도를 이 책에 모두 담았다. SNS가 가진 역학, 제로에서 숏폼(쇼트폼)short-form을 만들어내는 설계도, 그리고 여러분이 특별한 존재가 되기 위한 나침반까지 모두 담았다.

자, 이제 재생 버튼을 눌러보자.

_____

[1] **옮긴이_** 사용자가 해당 콘텐츠에 주목하거나 '좋아요' 등의 리액션을 취하는 행위를 말한다.
[2] **옮긴이_** '동영상 2.0'은 저자의 전작 《동영상 2.0(動画2.0)》에 나오는 표현으로, 새로운 동영상의 시대, 즉 유튜브 시대를 이르는 말이다. 일본에서 2018년에 출간되었다.

Opening

동영상에서
승리하는 방법

나는 누구인가?

이 책을 손에 든 당신은 어떤 사람인가?

모두 특별한 존재가 되고 싶을 것이다. 지금처럼 모두가 특별한 존재가 되고 싶은 시대는 없었다. 기존에는 광고 출연 순위를 제외하고 '인기인'에 대한 지표가 특별히 없었지만 지금은 팔로워 수라는 숫자로 정량화되어 돈과 같은 특별한 자원이 되었다.

팔로워가 있으면 무엇이든 할 수 있다. 연예인이나 유튜버Youtuber, 인스타그래머Instagramer나 틱톡커TicTocker 등에 한정된 이야기가 아니다. 모든 사람에게 해당하는 새로운 원칙이 되어가고 있다.

만약 학생이라면 희망하는 회사에 갈 가능성이 높아질 것이고, 영업을 한다면 클라이언트와 약속을 잡기 쉬워져 실적도 눈에 띄게 올라갈 것이다. 일이 제대로 풀리면 미디어에서 인터뷰 요청을 하거나 방송에 출연하거나 책을 출간할 수도 있다.

지금의 젊은이들은 '부자'를 존경하기보다는 '팔로워 수가 많은 사람'을 존경한다. 많은 팔로워가 있다는 것은 현금이나 집만큼 인생에 중요한 자원이 되고 있다.

강한 공감을 표하는 팬을 확보하는 데 성공한 사람을 인플루언서influencer라고 한다. 필자 또한 동영상 영역에서 인플루언서 대접을 받으며, 그 장점을 누리고 있다. 인플루언서가 된 후의 삶은 마치 다른 세계에서 환생한 느낌이다.

전작 《동영상 2.0(動画2.0)》을 출간한 후 강연을 하기 위해 전국을 돌아다녔다. 초등학생 때 시험지 뒷면에 갈겨쓴 이후 써본 적이 없는 사인을 엉덩이 오른쪽에 잔뜩 준비해둔 채였다. 북쪽으로는 미야기현, 남쪽으로는 가고시마현까지 동영상의 미래를 설파하는 여행은 계속되었다. 이러한 나날 속에서 일에 대한 대가는 이전과는 비교할 수 없을 정도로 높아졌고, 유명한 나카이 마사히로中居 正広[2]의 방송에도 정규 출연하게 되었다. 그야말로 꿈 같은 성공 신화다.

이른바 인생의 정점이라고 할 만한 시기에 코로나 사태가 일어났다. 회사는 예상했던 매출의 절반이 날아갈 정도로 큰 타격을 받았다. 하지만 역경 속에서도 인플루언서라는 점을 최대로 활용하여 V자 회복을 이루었다.

인플루언서란 만화 《귀멸의 칼날》(학산문화사, 2017)에서 말하는 주柱[3] 같은 존재다. 각자의 강점을 살려서 'SNS'라는 전장에서 '개성'이라는 무기로 화

---

2 옮긴이_ 일본의 국민 그룹이었던 SMAP(2016년 해체)의 리더. MC, 배우 등 다방면으로 활약하고 있다.
3 옮긴이_ 《귀멸의 칼날》에 등장하는 단체인 귀살대를 지탱하는 뛰어난 재능을 지닌 정예 요원들을 말한다.

려한 배틀을 펼치고 있다.

검색엔진에서 SNS로 유입 채널이 달라진 지금, 특정 주제에서 주主로 간주할 수 있을 만한 SNS 계정은 개인과 브랜드 모두에 막대한 영향력을 지니게 되었다. 오프라인 매장에는 전혀 유통되지 않는 인터넷 판매 전용 상품이 여러분 주변에서 갑자기 화제가 되기 시작한 적은 없는가? 이른바 D2C direct to consumer [4] 브랜드는 파워를 가진 SNS 계정에 의해 사람들에게 알려지고 구매로 이어진다. 이러한 SNS의 역학을 풀어내기 전에 시곗바늘을 조금만 뒤로 돌려보자.

2018년 여름의 일이다. 친구가 페이스북 메시지로 링크를 보내줘 다음과 같은 제목의 인터넷 기사가 퍼지고 있다는 사실을 알게 되었다.

로버트 아키야마의 신작인가 생각했는데, 진짜 크리에이터였다니 죄송합니다. [5]

회사의 자금을 조달할 때 촬영한 기념사진이 설마 이런 식으로 큰 인기를 끌게 될 줄은 꿈에도 몰랐다. 스타일리스트가 가지고 있던 다이슨 드라이어로 직원이 장난치며 필자의 머리를 휘날릴 때 찍힌 한 장의 사진일 뿐이었다. 사진의 이미지가 우연히 로버트 아키야마ロバート 秋山의 〈크리에이터즈 파일(クリエイターズ・ファイル)〉 [6]에 나오는 캐릭터와 상당히 비슷했다는 것이 이유가 되어 축제는 시작되었다.

최대한 이 기회를 살리기로 했다. X(전 트위터)에서 의도적으로 '교주' 캐릭

---

4 제조자가 다이렉트로 소비자와 거래하는 비즈니스 모델이다.

5 http://netgeek.biz/archives/121021

6 옮긴이_ 코미디언 로버트 아키야마가 다양한 캐릭터를 연기하는 예능 방송으로, 이 책의 저자가 찍힌 사진이 해당 방송의 이미지와 비슷하다는 이유로 일본에서 큰 이슈를 모았다.

터를 연기하며 미래를 예언했다. 동영상에 관심이 있는 사람들이 팔로잉하고 싶을 만한 임팩트 있는 글을 쏟아내기 위해 하루에 12시간 이상 X를 붙잡고 있었다.

노력한 보람이 있었는지 팔로워 수는 한 달 만에 1만 명을 넘어섰고, 뉴스픽스NewsPicks를 비롯한 많은 미디어에서 취재 의뢰가 왔다. 그리고 겐토샤幻冬舍의 카리스마 편집자 미노와 고스케와의 만남이 이루어졌고 졸저《동영상 2.0》이 태어나게 된다. 나아가 'WEEKLY OCHIAI'에서 미디어 아티스트인 오치아이 요이치와 공동으로 강연했으며, 일요일 아침 예능 〈선데이 저팬(サンデー・ジャポン)〉에서는 여배우 단 미쓰壇蜜와 머리를 휘날렸다.

필자는 '동영상의 교주'라고 불리게 되었고, 토요타 자동차와 유니클로 같은 국제적 클라이언트와 함께 일할 수 있었다. 이처럼 브랜드가 유튜브나 틱톡에 도전할 때는 '원미디어ONE MEDIA'[7]를 최초 상기top-of-mind awareness, TOMA할 수 있게 됐다.

이 이야기를 듣고 '속임수를 부리는 자' 혹은 '사기꾼'이라고 생각할 수도 있다. 그렇게 부르는 건 자유다. 하지만 한 가지 중요한 교훈이 숨겨져 있다. 필자는 어텐션이 모이는 순간을, 그 모멘텀momentum을 절대로 놓치지 않았다. 최대한 많은 시간과 열정을 콘텐츠 만드는 것에 쏟아부었다.

SNS에서 큰 주목을 받아 어텐션이 모이는 순간은 사람들이 복권에 당첨되는 행운과 비견할 수 있을지도 모른다. 하지만 복권은 '구입한 복권의 양 × 운 = 당첨 금액'이라는 곱셈 공식이 아니면 결과가 나오지 않는다. 더욱이 복권을 사기 위한 돈은 유한하며, 운은 스스로의 노력으로 어떻게 할

7　옮긴이_ 저자가 운영 중인 콘텐츠 제작회사다.

수 없다.

하지만 SNS에서 어텐션을 얻고자 하는 시도는 복권과 다르다.

법칙 1 시행 횟수와 인게이지먼트가 어텐션을 만들어낸다

어텐션은 다음과 같은 식으로 도출된다.

$$\text{시행 횟수} \times \text{인게이지먼트}_{engagement}[8] = \text{어텐션}$$

즉 어텐션에는 재현성이 있으며 어떤 것이든 자기 자신의 지속적인 노력에 달려 있다. 가지고 태어난 운이나 지금 쓸 수 있는 돈의 양과는 관계없다. 의무교육과 비슷한 평등한 게임이다. 돈은 쓰면 그것으로 끝이지만 주식 투자 등을 통해 현명하게 자산을 운용하면 늘릴 수 있다.

어텐션도 마찬가지다. 주목을 만족으로 바꾸는 대가(콘텐츠)를 제대로 준비한다면 어텐션은 팔로워 수 같은 수치화가 가능한 자원으로 바뀌며, 그 영향력을 활용하여 비즈니스나 인생의 방향을 좋은 쪽으로 바꿀 수 있다.

법칙 2 영향력의 씨앗을 SNS로 지속해서 만든다

동일한 것을 개인이 아니라 비즈니스 단위로 파악해보자.

화제가 됐을 때 확실한 충성 고객으로 바꿀 수 있다면 매출은 급속히 높아진다. 하지만 인스타그램에서 인기를 끌어 팬케이크 가게에 웨이팅이 생겨

---

8   옮긴이_ 인게이지먼트란 관심을 갖고 참여하고 관계를 맺는 일련의 행동을 의미하는 마케팅 용어다.

단골손님이 떠나고, 화제성이 떨어진 후 폐점에 이르는 것은 마케팅 측면에서 바람직하지 않다.

어떻게 해야 한순간의 주목으로 끝나지 않고 지속해서 발전하는 상태가 될 수 있을까? 이것이야말로 진정한 인플루언서가 되기 위한 열쇠다. 개인과 기업 모두 지속적인 영향력을 가지면 지금보다 일이 더 잘 풀리게 된다. 지속적인 영향력을 가진다는 것은 광고비라는 벌금을 내지 않고 비즈니스를 확장하는 무기를 가지게 된다는 의미다.

몇 년이고 활약하는 위대한 인플루언서에게는 또 하나의 얼굴이 있다. 그들은 크리에이터로서 영향력의 씨앗을 지속해서 만든다. **현대의 크리에이터는 스스로의 존재감을 높이기 위해 소용돌이치는 사람들의 어텐션을 SNS로 모으는 사람이다.**

이 책은 크리에이터가 되어 스스로 어텐션을 불러 모은 후 그 기회를 최대화하는 방법을 알려준다. 크리에이터 이코노미creator economy라고 불리는 커다란 파도에는 동영상이 크게 관여한다. 블로그 시대와 유튜브 시대를 가르는 것은 동영상의 유무다.

문장의 시대에는 초등학생의 장래희망을 조사하면 인터넷 분야의 직업이 순위권에 없었다.

유튜버, 스트리머, 틱톡커…

동영상 2.0의 시대에 열린 새로운 문 너머에는 크리에이터의 황금시대가 기다리고 있다. 나와는 관계없는 일이라고 생각하면 안 된다. 사람들의 어텐션은 TV나 신문 같은 역사 깊은 미디어에서 스마트폰 화면으로 전환되고 있다.

보통 아침에 일어나서 가장 먼저 혹은 밤에 잠을 자기 직전에 확인하는 것은 SNS의 타임라인일 것이다. 앞으로 마케터는 물론 모든 비즈니스맨과 브랜드는 크리에이터로 바뀌어야만 한다. 돈을 내면 도달률reach은 살 수 있지만, 어텐션은 손에 넣을 수 없다. 동영상으로 어텐션을 손에 넣은 자들이 지금 세상의 주역이 되고 있다.

비주얼 콘텐츠visual contents가 불러오는 새로운 시대의 나침반을 여러분에게 전하겠다. 나침반을 가지고 동영상이 지배하는 새로운 세계로 떠나보자. 걱정하지 않아도 된다. 여러분이 출항만 한다면 크리에이터 이코노미라는 커다란 파도가 배를 이끌어줄 것이다. 무엇을 시작하더라도 오늘이 인생에서 가장 빠른 타이밍이다.

자, 다시 한번 재생 버튼을 눌러보자.

동영상을 마스터하고, 승리하고 싶다면

《동영상 2.0》을 출간한 2018년 이후로 세상은 크게 달라졌다. 책 띠지에 적혀 있던 '자, 세계를 격변시키는 동영상 비즈니스의 커다란 파도에 올라타라!'라는 기세당당한 문구는 시간이 지나면서 진짜 예언이 되었다.

문자 그대로 동영상으로 세계가 바뀌었다.

무명이었던 개인이나 기업이 동영상을 능숙하게 활용하여 유명해지고, 브랜드화와 미디어화를 거쳐 기득권층을 쓰러뜨리고 승리한다. 최근 몇 번이고 반복해서 일어난 일이다. 그 대표적인 사례가 유튜브다. 지금은 유튜버가 연예인보다 더 큰 영향력을 갖게 되었고, 유튜브를 마케팅에 활용하지 않는 기업이 드물다.

세상은 왜 달라졌을까? 그 비밀은 동영상에서 얻을 수 있는 '어텐션'에 있다.

과거에는 회사의 대단한 어르신들이 거드름 피우며 '경영 자원의 3대 요소는 인적 자원, 물적 자원, 자본'이라고 말하곤 했다. '정보'가 포함되는 시기도 잠시 있었지만 전혀 유행을 끌지 못하고 끝났다.

인적 자원, 물적 자원, 자본은 어떤 비즈니스가 됐든 반드시 필요한 요소지만, '정보가 과연 동네 과일 가게와 관계가 있을까?' 하는 의문이 생긴다. 하지만 테슬라에서 과일 가게에 이르기까지 관계를 맺지 않을 수 없는, 정보보다도 중요한 것이 있다. 바로 어텐션이라는 개념이다.

경영 자원의 새로운 4대 요소는 다음의 4가지다.

- 인적 자원
- 물적 자원
- 자본
- 어텐션

이는 세계적인 흐름이다.

어텐션은 SNS에서 태어났다. 매일 '좋아요'를 누르거나 팔로우하거나 댓글을 달거나 혹은 더욱 가볍게 스크롤하거나 스와이프swipe하는 그 손가락을 멈추고 무언가에 주목하는 순간, 어텐션은 탄생한다. '인스타 감성', '틱톡 품절 대란' 같은 말은 어텐션이 가져다주는 원인과 결과를 나타내는 말이기도 하다.

어텐션이 지배하는 SNS 세계에서는 기존 커뮤니케이션에서 가장 중요했던 지표인 도달률, 즉 '당신이 제공한 정보가 얼마나 많은 사람에게 도달했는지?'가 의미를 잃고 있다. 자신의 손가락이 화면을 빠르게 스크롤할 때 지나간 광고를 기억하는가?

2021년 주요 미디어 평균 이용 시간[9]

▶▶ 지금은 40대 이하의 경우 TV보다 인터넷 이용 시간이 길다.

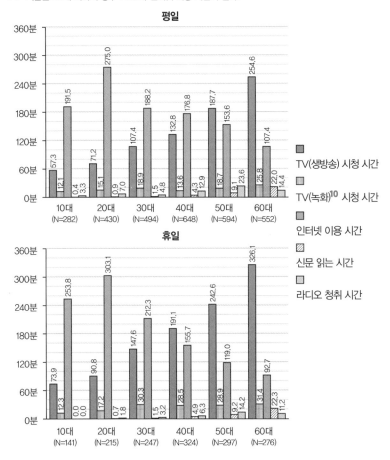

평일

	10대 (N=282)	20대 (N=430)	30대 (N=494)	40대 (N=648)	50대 (N=594)	60대 (N=552)
TV(생방송) 시청 시간	57.3	71.2	107.4	132.8	187.7	254.6
	191.5	275.0	188.2	176.8	153.6	107.4

휴일

	10대 (N=141)	20대 (N=215)	30대 (N=247)	40대 (N=324)	50대 (N=297)	60대 (N=276)
	73.9	90.8	147.6	191.1	242.6	326.1
	253.8	303.1	212.3	155.7	119.0	92.7

- ■ TV(생방송) 시청 시간
- ▨ TV(녹화)[10] 시청 시간
- ■ 인터넷 이용 시간
- ▨ 신문 읽는 시간
- ■ 라디오 청취 시간

---

9 출처_ 일본 총무성 정보통신정책연구소, 〈2021년 정보통신미디어의 이용 시간과 정보 행동에 관한 조사〉

10 옮긴이_ 일본의 경우 'TV 다시보기' 기능이 활성화되지 않은 상태로, 여전히 방송을 녹화해서 보는 경향이 있다. 대신 녹화 기능은 VTR 시절부터 상당히 발달되어 프로그램별 녹화가 가능하다. 또한, 중간 광고도 제거되며 고화질로 깔끔하게 녹화가 된다.

2021년 소셜 네트워크 서비스의 이용 상황[11]

▶▶ 사용자의 인터넷 이용 시간을 폭발적으로 올리고 있는 것은 SNS다.

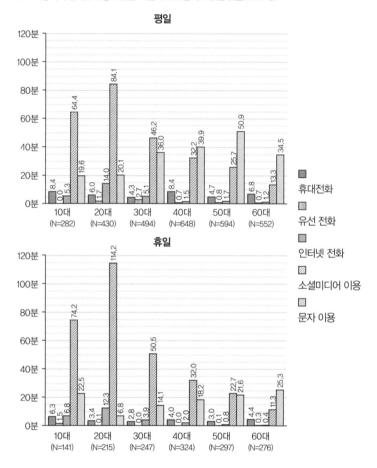

평일

연령	휴대전화	유선 전화	인터넷 전화	소셜미디어 이용	문자 이용
10대 (N=282)	8.4	0.0	5.3	64.4	19.6
20대 (N=430)	6.0	1.7	14.0	84.1	20.1
30대 (N=494)	4.3	2.7	5.1	46.2	36.0
40대 (N=648)	8.4	0.7	1.5	32.2	39.9
50대 (N=594)	4.7	0.8	1.7	25.7	50.9
60대 (N=552)	6.8	0.7	1.2	13.3	34.5

휴일

연령	휴대전화	유선 전화	인터넷 전화	소셜미디어 이용	문자 이용
10대 (N=141)	6.3	1.5	6.8	74.2	22.5
20대 (N=215)	3.4	0.1	12.3	114.2	6.8
30대 (N=247)	2.8	0.0	3.9	50.5	14.1
40대 (N=324)	4.0	0.0	2.0	32.0	18.2
50대 (N=297)	3.0	0.1	0.8	22.7	21.6
60대 (N=276)	4.4	0.3	0.4	11.3	25.3

---

11 출처_ 일본 총무성 정보통신정책연구소, 〈2021년 정보통신미디어의 이용 시간과 정보 행동에 관한 조사〉

예를 들어 50대 이상이 많이 보는 미디어(TV, 신문, 라디오)를 통해 전달하고 싶은 것이 있다면 광고 자리를 구입하면 된다. 미디어 광고는 전부 도달률을 중심으로 가격이 설정된다. TV라면 총시청률gross rating point, GRP, 신문이라면 발행 부수에 따라 광고비가 변동된다. 총시청률과 발행 부수 모두 도달률이라는 개념에 따라 광고비로 전환된다. 즉 광고를 낸다는 것은 도달률을 돈으로 사는 것이다.

하지만 어텐션은 더 복잡하다. 돈으로 살 수 없기 때문이다. 누군가 갑자기 '1000원을 줄 테니 나한테 주목해줘!'라는 말을 했다면 여러분은 어떻게 생각할까? 무시할 것인가 아니면 1000원을 받고 주목하는 척할 것인가?

정말로 주목받고 싶다면 1000원으로 재미있는 것을 하는 것이 좋다. 10년 전에 한 유튜버가 냉장고에 있던 콜라에 멘토스 사탕을 들이붓는 영상을 찍었던 것처럼 말이다. 어텐션을 제대로 활용하는 것이 Z세대다. 즉 1990년대 중후반부터 2010년 초반에 태어난 세대다. 미국에서는 2020년 8월에 틱톡으로 50억 원을 번 19세의 스타가 탄생하기도 했다.

인터넷 보급 이전, 즉 도달률을 얻는 것 자체에 희소가치가 있던 시대에는 TV 광고나 신문 광고를 내는 것 자체가 금전적인 측면은 물론이고 다른 면에서도 쉽지 않았다. 게다가 '돈으로 살 수 있는 도달률'을 살 수 있는 사람도 원래 많지 않았기 때문에 도달률은 분명 효과가 있었다.

하지만 인터넷 광고를 통해 몇천 원만 내면 누구나 도달률을 살 수 있는 시대가 되자 도달률 자체가(동시에 돈이라는 것이) 점점 범용화되었다. 범용화된 후에는 더욱 많은 자원을 가진 자가 승리를 거머쥐었다.

어텐션이 우위성을 획득한 흐름

1 도달률을 살 수 있는 권리를 가진 소수의 기업이 등장

2 누구나 도달률을 살 수 있게 되자 더욱 많은 도달률을 살 수 있는 기업이 유리하게 변화

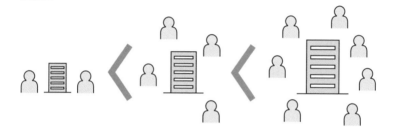

3 도달률보다도 희소성이 있는 어텐션을 만들 수 있는 개인이나 기업이 우위성을 획득

▶▶ 이런 흐름으로 어텐션이 도달률을 능가하게 되었다.

지루한 게임을 바꾼 것이 어텐션이다. 익숙해진 도달률의 홍수 속에서 우리 감각은 자동으로 도달률을 차단하게 됐다. 어렸을 때부터 스마트폰이나 SNS를 능숙하게 사용한 Z세대에서 더욱 두드러지는 경향이다.

마음 깊은 곳에서 흥미를 이끌어내는 것이 어텐션이다. 어텐션을 끌어낼 수 있다면 인적 자원, 물적 자원, 자본이라는 자원을 가지지 못한 보잘것없는 개인도 단번에 역전이 가능하다. 대기업이 도달률을 얻기 위해 광고비라는 벌금을 계속 내는 것을 곁눈질하면서 우리는 어텐션을 구사하여 게릴라전에 도전해야 한다. 결코 마법이 아니다.

개인이나 작은 규모의 회사도 사용할 수 있는 기술이다. 즉 같은 방식으로 재현할 수 있는 기술로, 개인이나 작은 규모의 회사도 쉽게 재현할 수 있는 방식이다. 쉽게 말하면 비즈니스맨의 생존 전략이나 기업의 성장 전략은 어텐션과 SNS의 조합으로 최대화된다.

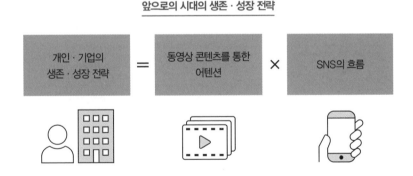

앞으로의 시대의 생존 · 성장 전략

개인 · 기업의 생존 · 성장 전략 = 동영상 콘텐츠를 통한 어텐션 × SNS의 흐름

그렇다면 어텐션을 빚어내는 씨앗이 되는 콘텐츠란 무엇일까? 바로 이것이 이 책의 주제인 SNS를 통해 새롭게 태어난 커뮤니케이션 도구, 동영상이다.

동영상을 마스터하고 승리하고 싶은가?

이 책은 동영상을 믿고 동영상으로 사랑받은 남자의 조금 불우한 인생을 양념으로 삼아 오늘부터 당장 쓸 수 있는 실천 가능한 노하우와 여러분의 미래에 대한 항로를 제시한다.

앞으로 매스미디어는 매스인 채로는 있을 수 없으며, 도달률은 점점 더 의미를 잃게 될 것이다. **어텐션을 얻은 개인과 기업이 미디어화되고, 그 힘으로 돈을 벌고 성장하는 시대**다. 이를 마스터하기 위한 유일무이한 기술, 동영상을 마주하고 싶다면 이 책을 읽자.

재생 버튼은 바로 눈앞에 있다.

Chapter

1

비즈니스의 대전환기,
동영상의 10가지 변화

크리에이터 이코노미 시대

법칙 3 스스로 허브가 되어 경제권을 만들어나간다

크리에이터 이코노미creator economy란 동영상 크리에이터처럼 자신의 창조
성과 재능, 정열을 살려 콘텐츠, 상품, 서비스를 창출하는 사람들이 인터
넷을 활용하여 스스로의 경제권을 확대해나가는 메가 트렌드를 말한다.

2022년 8월 26일에 발표된 어도비Adobe[1]의 리포트 〈Future of Creativity〉
에 따르면 크리에이터 이코노미의 규모는 과거 2년 사이에 1억 6500만 명
이상 증가했고, 이미 전 세계에서 3억 300만 명의 크리에이터가 활약하고
있다고 한다.

필자는 크리에이터 이코노미를 '크리에이터의 기업화', 즉 크리에이터가

---

1 어도비 크리에이티브 클라우드(Adobe Creative Cloud) 등의 서비스를 제공한다.

최고 경영 책임자chief excutive officer, CEO가 되는 것이라고 생각한다.

본래 크리에이터란 창조자를 일컫는 말로, 자신의 재능과 특기를 통해 무언가를 만들어내는 사람을 말한다. 거기에 이코노미라는 딱딱하며 돈 냄새가 나는 단어가 붙어서 생겨난 것이 크리에이터 이코노미라는 단어다.

즉 크리에이터가 누군가에게 고용되는 것이 아니라 크리에이터 스스로 경제활동을 하고 경제권을 만들어나간다. **크리에이터가 지금 우리 사회의 '회사'에 필적하는 힘을 가지고, '자기 주식회사**自分株式会社**'**[2]**로서 경제를 이끌어나간다**는 말이다.

크리에이터 이코노미에서는 온갖 사물, 행동, 사람이 콘텐츠가 된다. 나아가 크리에이터 이코노미는 2010년대 후반부터 자주 들려온 WEB 3(블록체인 기술을 활용한 분산형 웹)이나 분산형 자율 조직decentralized autonomous organization, DAO과 매우 상성이 좋다.

세계 최초의 주식회사인 17세기 초반의 동인도회사 설립 이래, 세계의 경제활동을 지탱하는 기본적인 운영 시스템은 주식회사였지만, WEB 3는 그것을 대신하는 시스템이 될지도 모른다고 여겨진다. 중앙집권적인 '주식회사'보다, 자신들이 서비스를 운용하여 연결되는 장을 만드는 'DAO'와 같은 새로운 조직과 집합체 쪽이 크리에이터의 활동에 적합하다는 점은 명백하다.

---

2 **옮긴이_** 일본에서 자기 자신을 하나의 브랜드로 생각하여 가치를 키워나가야 한다는 개념으로 사용하는 말이다.

미디어의 신세기, 동영상에 벌어진 10가지 변화

법칙 4 ① 입소문에서 인게이지먼트로

코로나를 경계로 동영상 3.0[3] 시대에 접어들면서 동영상에 많은 변화가 생겼다. 예를 들어 '틱톡 품절 대란'은 입소문 때문이 아니다. 입소문이란 단순히 '1 대 N'의 관계성이며 **하나의 콘텐츠에 많은 사람이 같이 불타오르고 식지만, 인게이지먼트는 'N 대 N' 형태로 계속 발전한다.**

크리에이터 사이의 결속이 기존보다 강해지면서 콘텐츠를 본 시청자가 다시 정보를 퍼뜨리고, 그 정보를 다시 다른 누군가가 보는 식으로의 순환이 반복된다. 이러한 정보 제공의 정도가 약한 것이 '댓글'이고, 조금 더 강해지면 '동영상 공개'가 된다. 나아가 인게이지먼트가 높아지면 시청자가 그 장르의 크리에이터로 성장해나가는 케이스도 있다.

---

3   **옮긴이_** 저자가 주창하는 개념으로, 틱톡으로 대표되는 숏폼의 시대를 이르는 말이다.

'동영상 2.0'에서 '동영상 3.0'으로의 변화

동영상 2.0	동영상 3.0
입소문	인게이지먼트
스튜디오 촬영	자택 촬영
제작회사	개인 크리에이터
브랜딩	SP(세일즈 프로모션)
광고	콘텐츠
내러티브	인터랙티브
소비적	생산적
중앙집권형	분산형
권위적	친화적
질	양

▶▶ 분업제에서 SPA(speciality retailer of private label apparel) 모델로 변화됨을 알 수 있다.

입소문과 인게이지먼트의 차이

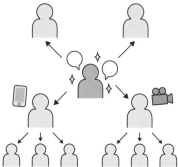

입소문: 1 대 N의 관계성	인게이지먼트: N 대 N의 관계성
• 동시 발생적인 정보의 수신 • 한 점에 집중 • 급속도로 열기가 오른다. • 일시적인 붐으로 끝난다.	• 정보의 수신과 발신 타이밍이 각각 다르다. • 정보와 콘텐츠가 분화된다. • 열기가 오래 이어진다.

지금의 틱톡커 중 다수는 애초에 유튜브를 보고 자란 세대다. '저런 사람이 되고 싶어'라고 하며 유튜버를 동경하고, 스스로 동영상을 올리기 시작하여 크리에이터가 되어간다. 그 근저에 있는 것은 입소문 너머에 있는 '인게이지먼트라는 깊은 관계'가 아닐까?

장기적인 관점에서 볼 때 입소문을 만드는 크리에이터보다 인게이지먼트를 가진 크리에이터가 더 강하다. 그들의 팔로워 중에서 새로운 인기인이나 '틱톡 품절 대란'이 나타난다.

이것을 조금 다른 각도에서 생각해보자.

유튜브나 인스타그램과 비교하면 틱톡 같은 새로운 플랫폼은 '팔로우'의 파워가 약하다. 사용자는 크리에이터를 팔로우하고 새로 올라오는 영상을 빼놓지 않고 챙겨 보기보다는 추천 피드For You Feed에 나오는 동영상 콘텐츠를 보는 방식을 이용한다.

그렇다면 '추천'은 무엇에 의해 결정될까? 여기에는 여러 변수가 있다. 그중에서도 가장 중요한 지표는 인게이지먼트 레이트engagement rate, 즉 게시물에 반응한 사용자의 비율이다.

팔로워가 많은 크리에이터의 동영상에 재생 횟수나 '좋아요' 수가 많아지는 것은 어떤 의미에서는 당연한 일이다. 틱톡이 급격하게 성장한 이유는 분명 재미있을 만한 동영상이 적절하게 추천으로 표시되며, '이거 처음 봤는데 재밌네!'라고 할만한 만족스러운 경험을 하기 때문일 것이다. 이런 AI를 통한 추천 시스템의 근간을 지탱하는 것이 앞서 말한 인게이지먼트 레이트다.

아직 100명밖에 보지 않은 동영상이라도 100명 중 98명이 높게 평가했다면, 그 동영상은 시청자가 1만 명이 되든, 10만 명이 되든 비슷하게 평가받을 가능성이 크다. 그러므로 틱톡에서는 팔로워가 전혀 없는 새 계정이더라도 동영상 조회 수가 폭발적으로 급등하며 크리에이터가 단번에 유명해질 수 있는 기회가 있다.

앞서 Opening에서 어텐션을 얻어내기 위한 공식으로 '시행 횟수×인게이지먼트 = 어텐션'이라는 이론을 소개했다.

인게이지먼트가 모이는 동영상을 계속해서 세상에 선보인다면, 그것은 분명 어텐션으로 바뀌며 팔로워를 늘리는 일로 이어진다. 팔로워의 힘이 약한 숏폼의 세계에서는 시행 횟수를 늘려 인게이지먼트를 획득하는 것이 팬 커뮤니티를 만드는 것으로 이어진다.

'당신이 다음으로 좋아하는 것きみが次に好きなもの'이라는 일본의 틱톡 광고 문구가 드러내는 것처럼 타임라인에 표시되는 콘텐츠의 뒤편에 이런 인게이지먼트 레이트 시스템을 끌어들인 것이 틱톡의 위대한 점이라고도 할 수 있다.

법칙 5 ② 스튜디오 촬영에서 자택 촬영으로

원미디어는 코로나 전에는 도쿄 나카메구로에 커다란 스튜디오를 만들고, 그곳에 출연자들을 불러 고가의 장비로 촬영하는 방식으로 일했다. 기존의 동영상 제작회사와 똑같은 방법이다.

하지만 코로나 때문에 그 방식으로는 더 이상 작업이 불가능해졌다. 촬영이라는 작업은 그야말로 '3밀(밀접, 밀집, 밀폐)'에 해당한다. 밀실에 많은 사람이 모여 가까운 거리에서 이루어지기 때문이다. 촬영이 불가능하거나 업무 자체가 취소되는 등 사업의 근간을 흔들 법한 위기에 직면하고, 필자도 진행을 멈추려 했다.

하지만 그런 상황에서도 콘텐츠와 동영상 만들기를 멈추지 않은 사람들이 있었다. 바로 유튜브와 틱톡 등의 크리에이터였다.

코로나 사태 이전까지만 해도 필자는 동영상의 세계에서 강한 힘을 가진 것은 전문가들이라고 생각했다. 프로페셔널한 전문가의 세계와 수준 높은 동영상의 가치를 믿었다. 하지만 그것들은 '불요불급不要不急'이나 '자숙'이라는 단어 앞에서는 너무나도 무력했다.

이런 시대에도 유튜버나 틱톡커는 우리가 혼란에 빠져 있는 것은 신경도 쓰지 않는 듯 새로운 동영상을 계속해서 세상에 선보이며 시청자를 즐겁게 만들었고, 코로나 사태로 인한 각종 불안을 치유하는 데 큰 도움을 줬다. 그들이야말로 이 시대의 '진정한 크리에이터'가 아닐까 싶었다. 이런 크리에이터들과 함께 일하고 싶다고 생각한 순간이 원미디어 부활의 첫걸음이었다.

그렇다고 해도 갑자기 크리에이터의 자택에서 동영상을 촬영하게 하거나 제작을 전부 맡길 수는 없었다. 여러 가지 방안을 생각한 끝에 프로급 장비를 크리에이터에게 빌려주고, 원미디어의 스태프가 원격으로 컨트롤하는 방식을 이용하면 어떨까 생각했다. 줌Zoom으로 지시하면서 원격 조작으로 카메라 렌즈를 움직인다는, 지금 생각해보면 바보 같은 짓을 했다.

요약하자면 그런 상황에서도 어떻게든 동영상의 품질을 유지하려고 했지만, 시간과 비용이 꽤 소요되는 것에 비해 완성한 동영상의 재생 횟수는 그저 그랬다. **크리에이터가 스마트폰 카메라로 셀카를 찍은 동영상 쪽이 콘텐츠의 메시지나 크리에이터가 가진 본래의 맛이 더욱 살아 있다고 느껴졌다.**

결국, 감정이 전해지는 것은 장비나 환경이 좋은 스튜디오에서 촬영한 동영상이 아니라, 크리에이터의 자택에서 찍은 동영상이었다. 동영상 2.0의 시대에서 '기존의 영상에 관한 상식을 버려라'라고 떠들던 필자 또한 '스튜디오 촬영이 자택 촬영보다 낫다'라는 영상 업계의 상식에 사로잡혀 있었다는 사실을 겨우 깨닫게 되었다.

법칙 6 ③ 제작회사에서 개인 크리에이터로

코로나 사태 이전에 동영상 제작회사로 설립한 원미디어는 이른바 인플루언서 중에서도 'X나 인스타그램 등에서 많은 팔로워를 가지고 있지만, 직접 동영상을 만들지 못하는 사람'을 선정하여 수준 높은 동영상과 SNS를 통한 확산력을 양립했다는 점에서 높은 평가를 받았다.

하지만 스튜디오 촬영을 하지 못하고 자택 촬영을 할 수밖에 없다면(더군다나 그쪽이 결과물도 더 좋았다), 선정해야 하는 것은 직접 동영상을 촬영할 수 있는 개인, 즉 유튜브나 틱톡의 크리에이터다. 단순한 인플루언서가 아니라, 크리에이터이자 인플루언서이기도 한 그들의 특징은 **자기 스스로 모든 것을 완결 지을 수 있다**는 점이다.

크리에이터가 사람들에게 무언가를 전달하기까지는 **생산 → 가공 → 유통**이라는 3가지 단계가 있다.

동영상의 경우 생산은 촬영이나 기획 부분이며, 가공은 동영상의 편집 작업, 마지막의 유통distribution은 콘텐츠가 무엇을 통해 나오는지에 관한 부분이다. TV라면 전파를 통해 유통하고, 유튜브라면 어떤 채널, 틱톡이라면 누군가의 계정에 업로드되어 유통이 이루어진다.

'동영상 2.0' 시대에는 가공과 관련하여 취재를 요청받은 일이 많았다. '이런 느낌으로 타이포그래피(자막)를 애니메이션처럼 만들면 좋다'거나 '스마트폰에 맞는 세로 화면의 프레임을 활용하는 것이 중요하다'와 같이 답변했다. 모두 가공 이야기를 묻는 이유는 동영상의 진수나 비법, 차별화 요인이 가공에 있다고 생각했기 때문이다.

하지만 사실 그것은 본질이 아니다. 중요한 것은 생산과 유통이며, 그 부분에서는 개인 크리에이터가 강하다. 동영상 제작회사란 결국 가공을 담당하는 집단이다. 개인 크리에이터는 가공도 스스로 하지만, 그 가공은 생산과 유통에 뿌리를 두고 있다.

크리에이티브를 둘러싼 3가지 단계

1. 생산: 촬영의 골조를 형성하는 '기획 내용'이나 '촬영 방법' 등

2. 가공: 동영상의 '편집' 작업

3. 유통: 그 콘텐츠를 어떤 '채널에 올리는가'

우선 생산부터 생각해보지.

개인 크리에이터는 자기 자신과 자신이 해야 할 기획 모두 가장 잘 드러나는 촬영방식과 연출을 알고 있다. 왜냐하면 화면에 비치는 피사체는 자신이며, 스튜디오는 자택이기 때문이다. '이것을 이렇게 해서, 이렇게 찍어야지'라고 생각하는 속도나 연출 방법이 현장에서 멀리 떨어진 회의실에서 이렇게 저렇게 토론하는 사람들에 비해 훨씬 뛰어나다. 즉 생산 시점에서 이미 차별화가 이루어지고 있다는 말이다.

다음으로 유통에 관해서 생각해보자.

동영상의 경우, 만들어낸 콘텐츠는 어딘가에 선보여야만 한다. 현재 그 주요 전장은 TV가 아니라 스마트폰 화면이다. 더 자세히 파고들자면 그 플랫폼이 유튜브인지, 틱톡인지에 따라 여하은 또 완전히 달라진다.

틱톡이라면 세로 방향으로 반복해서 스와이프하고 있는 손을 자신도 모르게 멈추게 만드는 임팩트가 없으면 애초에 아무도 동영상을 보지 않는다.

유튜브라면 보고자 했던 동영상을 끝까지 본 후에 제시하는 연관 동영상이나 추천 섬네일에서 시청자의 마음을 꽉 사로잡아야 한다.

요컨대, 유통에서 사용자가 동영상을 보게 하기 위한 중요 포인트가 플랫폼마다 다르다는 이야기다.

마지막으로 가공이다.

앞에서 이야기한 생산과 유통에 관해 매일매일 몇 년에 걸쳐 PDCAplan-do-check-act를 돌려온 것은 클라이언트나 제작회사가 아니라 개인 크리에이터다. 핵심을 파악하고 있는 그들이야말로 마지막 단계인 유통에서 가장 크게 효력을 발휘하는 가공을 할 수 있다.

따라서 '이렇게 하면 멋진 동영상을 만들 수 있습니다'라는 표면적인 하우 투how to는 무의미하다. 모든 가공은 생산과 유통에 따라 정해지며, 이것을 하나의 호흡으로 만드는 것이 크리에이터다.

이러한 강점은 애플이나 유니클로 등 기획, 제조, 소매까지 일원화한 SPAspeciality retailer of private label apparel 모델의 브랜드와 통하는 면이 있다. 물론 애플이나 유니클로는 자사 공장을 가지고 있지는 않지만, 크리에이터도 마찬가지로 인기가 생겨서 바빠지면 가공 부분을 외주로 돌리게 된다.

생산→가공→유통이라는 과정에서 생산과 유통에는 크리에이터 본인의 힘이 필요하지만, 가공은 자신의 스타일만 확립할 수 있으면 외부에 맡길 수 있기 때문이다.

이 한 가지 사실만 봐도 가공이 동영상의 본질적인 가치나 경쟁 우위를 만들어내는 것은 아니라는 사실을 알 수 있다. 동영상 3.0 시대는 크리에이티브의 SPA화를 향한 과도기라고 할 수 있다.

법칙7 ④ 브랜딩에서 세일즈 프로모션으로

이것은 동영상 2.0 시대부터 있었던 이야기지만, '동영상을 통해 정말로 물건 판매량이 늘어나고 수익을 낼 수 있는지'를 숫자로 측정하기란 무척 어렵다.

필자도 예전에는 영업 때마다 '동영상의 가치는 물건을 파는 것이 아니라, 브랜딩에 있다'라고 말해왔다. 'TV 광고를 하면 물건이 팔리나요?'라는 질문에 '아니요, TV 광고는 브랜딩을 위해 하는 겁니다'라고 과거에나 하던 변명을 계속 이어왔던 셈이다.

컨버전(성과, 구입 등)으로 이어지지 않더라도 기업의 이미지 향상으로 이어지면 된다고 믿었다. '애초에 컨버전을 어느 타이밍에 측정하면 되나요?'라고 말하기도 했다. 예를 들어 멋진 신발이 나오는 동영상을 봤다고 해서 그 자리에서 곧장 그 신발을 사는 사람이 과연 얼마나 있을까? 주말에 신발 가게에 가서 사는 사람도 있을 것이다. 이런 경우에는 동영상으로 컨버전을 측정할 수 없다.

그런데 2021년 11월, 획기적인 사건이 있었다.

경제지 《닛케이 TRENDY(日経トレンディ)》의 '2021년 히트 상품 베스트 30'의 1위에 '틱톡 품절 대란'이 선정된 것이다. 기존에 '인스타 감성'이라는 말은 있었지만 '인스타 품절 대란'이라는 말도, 나아가 '유튜브 품절 대란'이라는 말도 없었다는 사실을 생각하면, 이 말의 중요성을 쉽게 알 수 있다.

이때 처음으로 SNS에 '품절 대란'이라는 단어를 연결하는 키워드가 나온 것은 실제로 '틀이 바뀌었기' 때문이다. 몇 가지 사례를 소개한다.

사례 1: 소설 1989년에 쓰쓰이 야스타카筒井 康隆가 발표하고, 1995년에 주오고론신샤中央公論新社에서 문고판으로 출간한 소설 《잔상에 립스틱을(残像に口紅を)》은 틱톡커인 겐고けんこ(https://www.tiktok.com/@kengo_book)의 소개로 4개월간 11만 5천 부가 증쇄되었다.

사례 2: 자동차 도호쿠 지방의 BMW 딜러인 여성이 틱톡을 시작한 후에 큰 인기를 얻어 BMW도 인정할 정도로 매출에 공헌했다.

사례 3: 화장품 가네보의 화장품 브랜드 KATE의 립 몬스터는 기획 단계부터 SNS에서 인기를 노렸고, 틱톡 품절 대란 덕분에 단번에 히트했다.

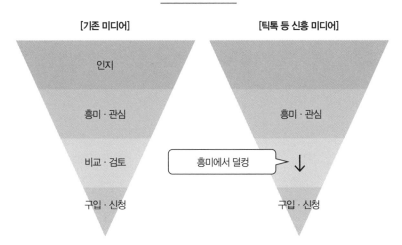

마케팅 방식의 비교[4]

[기존 미디어]

인지

흥미 · 관심

비교 · 검토

구입 · 신청

[틱톡 등 신흥 미디어]

흥미 · 관심

흥미에서 덜컹 →

구입 · 신청

사용자가 콘텐츠를 접한 후에 곧장 구입으로 이어지는 틱톡 품절 대란의 현상을 틱톡은 흥미에서 덜컹興味からズドン이라는 훌륭한 문구로 표현하고 있다.

기존의 마케팅 방식에서는 인지, 흥미 · 관심이라는 역삼각형이 있고, 보통 그것을 순서대로 거쳐야만 겨우 구입(컨버전)이 이루어진다.

각 단계별로 효과적인 기획이 있으며, 역삼각형 최상부(인지나 흥미 · 관심 등 구매 프로세스의 최초 단계)에서는 TV 광고나 과거의 영상 광고가 효과적이라고 여겨졌다.

상품에 흥미 · 관심을 가진 사용자가 인터넷에서 검색하면 검색 연동형 광고나 타겟팅 광고가 뒤를 따랐다. 거기서 구입으로 이어지는 것이 디지털 마케팅의 일반적인 흐름이었다.

4　출처_《틱톡 유저 백서(일본어판)》 제3탄(2020년). https://tiktok-for-business.co.jp/archives/5108/

하지만 EU에서 2018년 5월에 실행한 일반 데이터 보호 규칙general data protection regulation, GDRP의 항목에서 쿠키(개인정보)cookie 이용에 동의를 요하는 요건이 엄격해짐으로써 이 흐름이 크게 달라졌다. 쿠키에 기반한 기존의 디지털 마케팅이 거의 붕괴된 것이다.

거기에 또 하나, 대부분의 사용자가 이른바 검색을 신뢰하지 못하게 되었다는 커다란 흐름도 있다. 과거 인플루언서인 GENKING은 '구글 검색을 비롯해 구글은 사용하지 않는다. 조작되어 있기 때문이다'라고 이야기한 적이 있다. 지금의 젊은 층은 '어떤 플랫폼에서 무엇을 검색하는지'를 꽤 세세하게 구별해서 사용한다.

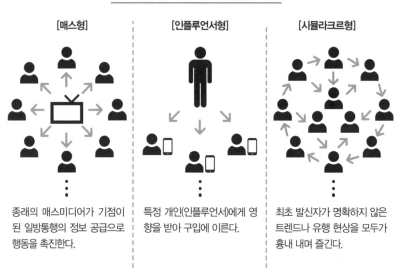

SNS의 발전에 따라 변화한 정보 확산 방식[5]

[매스형]

종래의 매스미디어가 기점이 된 일방통행의 정보 공급으로 행동을 촉진한다.

[인플루언서형]

특정 개인(인플루언서)에게 영향을 받아 구입에 이른다.

[시뮬라크르형]

최초 발신자가 명확하지 않은 트렌드나 유행 현상을 모두가 흉내 내며 즐긴다.

---

5 출처_ 덴쓰호(電通報), 〈SNS가 불러온 정보 확산 방식의 모델화(SNSがもたらした情報の広がり方をモデル化する)〉. https://dentsu-ho.com/articles/7304

인기 크리에이터이자 인플루언서인 사업가 유코스[6]도 최근에 사람들의 검색 수단에 놀랐다는 에피소드를 이야기한 적 있다. 친구와 신오쿠보에 놀러 가서 점심을 먹을 장소를 구글맵과 다베로그食ベログ[7]에서 검색하려고 하자, 나이 어린 친구가 틱톡 앱을 열더니 해시태그를 사용해 가게를 찾기 시작했다고 한다. 그것을 보고 강한 위기감을 느껴 '나도 틱톡을 해야겠네'라고 생각했다고 한다.

앞으로 쿠키리스cookieless가 당연해지고 사용자가 전처럼 검색을 하지 않게 된다면, 누구나 동영상 시청에서 직접 구매로 이어가고 싶다고 생각할 것이다. 이것을 처음으로 이룬 것은 유튜브도 인스타그램도 아닌 틱톡이다.

그렇다면 왜 틱톡만이 이 정도로 세일즈 프로모션에 위력을 발휘하고 '틱톡 품절 대란'이라는 말을 만들기에 이른 것일까? 그것은 틱톡에서 화제가 되면 단순한 입소문으로 그치는 것이 아니라 하나의 '현상'이 되기 때문이다.

유튜브나 인스타그램을 기점으로 하는 소비는 특정 개인(인플루언서)에게 영향을 받아서 산다는 점에서 '인플루언서형'이라고 할 수 있다.

한편 덴쓰電通[8] 미디어이노베이션랩 주임연구원인 아마노 아키라天野 彬는 틱톡을 기점으로 하는 소비는 '시뮬라크르simulacre형'이라고 했다(아마노의 저서 《신세대의 비즈니스는 스마트폰 안에서 만들어진다(新世代のビジネスはスマホの中から生まれる)》에 자세히 담겨 있다).

틱톡에서는 **누가 최초 게시자인지는 알 수 없지만, 모두가 그것을 흉내 내고 물건을**

---

6 https://www.instagram.com/yukos0520/
7 **옮긴이_** 일본 최대 음식점 검색 사이트다.
8 **옮긴이_** 일본 1위 광고대행사. 하쿠호도(博報堂)는 그 뒤를 잇는다.

구입하는 현상, 즉 시뮬라크르(흉내 내며 즐긴다)가 폭발적인 트렌드를 만들어낸다. 시뮬라크르에 의해 드디어 동영상은 브랜딩을 넘어서 직접 구매를 불러오고 매출에 공헌하는 세일즈 프로모션으로 변화한 것이다.

법칙 8 ⑤ 광고에서 콘텐츠로

이런 시뮬라크르를 만들어내는 PR 동영상은 기존의 '광고' 형식이 아니라 거의 '콘텐츠' 형식으로 분명히 바뀔 것이다. 동영상 2.0 시대의 유튜브에서 크리에이터는 자신이 만든 콘텐츠의 내용과는 관계없이 동영상 내에 삽입되는 구글 동영상 광고를 통해 수익 배분을 얻을 수 있었다.

하지만 틱톡이나 숏폼의 길이에서는 광고가 삽입되는 경우가 많지 않으며, 삽입된다고 해도 크리에이터는 수익 배분을 받지 못했다. 따라서 숏폼의 크리에이터는 이른바 '협찬', 즉 기업의 상품·서비스를 소개하여 그 대가를 받는 비즈니스를 하지 않으면 활동을 이어나가기 위한 수익을 내기 어려운 상황이었다.

그 결과, 동영상 3.0 시대의 틱톡커는 협찬을 받은 물건이나 서비스를 콘텐츠로 만드는 기술과 노하우를 급속도로 빠르게 축적하고 있다. 매력적인 콘텐츠를 만드는 것이 무엇보다 중요하며 그 콘텐츠가 시뮬라크르를 낳고, 결과적으로 세일즈 프로모션으로 이어지기 때문이다.

이런 흐름이 PR 동영상을 비롯한 광고의 콘텐츠화에 박차를 가하고 있다.

서로 다른 3종의 커뮤니케이션 스타일

	내러티브	인터랙티브
인칭	일인칭 '나'	몇 인칭이어도 OK
콘셉트	한 명 한 명이 주체가 되어 빚어가는 이야기	발신자와 수신자 모두가 크리에이터로 변하는 상호 커뮤니케이션
구체적인 예	다큐멘터리 영상, 회고록	(틱톡에서의) 해시태그 챌린지, 이펙트

법칙 9 ⑥ 내러티브에서 인터랙티브로

현재 다양한 장면에서 내러티브narrative(한 명 한 명이 주체가 되어 빚어가는 이야기) 커뮤니케이션이 중요하다고 호소한다. 이것은 누군가 일방적으로 말하는 것보다도 내러티브 안에 삽입되는 콘텐츠나 커뮤니케이션 쪽이 사람들의 마음을 움직이기 때문이다.

전작 《동영상 2.0》에서는 '비주얼 스토리텔링'이라는 말을 키워드로 삼았다. 비주얼로 스토리를 보여주고 그곳에 끌어들여 사용자의 마음을 바꾸는 동영상의 움직임은 그야말로 내러티브라고도 할 수 있다.

반면에 동영상 3.0의 시대에는 사용자가 내러티브라는 점이 이미 전제로 깔려 있다. 거기에 더불어 사용자가 직접 참가하는 동영상, 즉 인터랙티브interactive한 동영상이 아니면 현재는 질 높은 어텐션이 생겨나지 않는다.

인터랙티브를 만드는 구체적인 예 중 하나가 틱톡의 해시태그 챌린지나 이펙트다. 동영상 2.0 시대에는 개인 크리에이터의 동영상 재생 횟수가 100만 번 이상인 것에 큰 가치가 있었다. 하지만 동영상 3.0 시대, 즉 틱톡의 시대에는 시청자도 다시 크리에이터가 된다.

동영상을 본 100명이 흉내를 내서 동영상을 만들고, 그것이 또 각 1만 번

씩 재생된다면 총합 100만 번 재생된 것과 마찬가지다. 1000명이라면 1000만 번, 1만 명이라면 1억 번이다. 이런 시뮬라크르가 틱톡에서는 매일 일어나고 있으며 틱톡 품절 대란을 빚어내고 있다.

즉 틱톡 품절 대란은 한 명의 크리에이터가 만들어내는 것이 아니라 모두가 크리에이터가 되었을 때 생겨난다. 시뮬라크르를 만들어내기 위해서는 영상을 시청하는 사람도 자극을 받아 같은 것을 해보고 싶어 할 만한 인터랙티브한 콘텐츠여야만 한다.

내러티브 너머에 모두가 참가하는 여백이나 구조를 제대로 만들어두는 것이 굉장히 중요해질 것이다.

지금까지의 경험을 바탕으로 판단해보면 인기를 끄는 동영상에는 하나의 공통 법칙이 있다. 그것은 동영상의 댓글창이 게시판처럼 변한다는 점이다.

예를 들어 크리에이터가 소화에 좋은 건강식품을 소개하는 동영상을 올렸다고 해보자. 그 동영상의 댓글창에서 '저는 이런 건강법을 시도하고 있어요', '요구르트는 ○○가 좋아요' 등의 대화가 활발하게 올라오는 동영상은 대부분 잘 풀린다.

댓글창이 떠들썩하다는 말은 사용자가 그곳에 직접 참가하고 있다는 말이다. 동영상으로 소개한 상품에 관해 '저도 시도해봤어요'라는 내용이 담긴 부차적인 콘텐츠가 만들어질 가능성도 커질 것이다. 게시물 자체가 팬 커뮤니티화된 동영상은 자연스레 모든 인게이지먼트가 증가하며, 결과적으로 많은 사람을 끌어들여 각각의 마음을 움직이게 된다.

법칙 10 ⑦ **소비적에서 생산적으로**

동영상 2.0의 시대에 유튜브에서 가장 많이 소비되는 장르는 엔터테인먼트 계열이었다. 그렇다면 코로나 사태 이후, 비약적으로 늘어난 유튜브의 장르는 무엇일까?

답은 피트니스와 요리다. 아울러 비즈니스 계열 유튜버의 약진도 뚜렷했다. 이는 사람들이 단순히 엔터테인먼트로 소비하는 동영상에서 벗어나 생산적인 생활을 하기 위한 동영상을 찾게 되었기 때문이다.

물론 엔터테인먼트 계열의 크리에이터를 부정할 생각은 털끝만큼도 없다. 다만 동영상이라는 콘텐츠가 커버하고 담당하는 영역이 넓어지고 있다는 점은 분명하다. **기존에는 잡지나 서적이 담당하던 '배움'의 부분을 비주얼 콘텐츠로 전하는 크리에이터가 늘어나고 있으며, 그들의 존재가 많은 사용자에게 새로운 지식과 행동의 계기를 부여하고 있다.**

법칙 11 ⑧ **중앙집권형에서 분산형으로**

최근 수년간 이른바 톱 유튜브의 면면을 살펴보면 그렇게 크게 변하지 않았다. 유튜브에서는 한 번 인기를 끌면 안정적으로 유지되는 경향이 있다.

반면 틱톡에서는 유튜브보다 크리에이터의 난립이 심하다. 자신이 좋아하는 크리에이터가 친구가 좋아하는 크리에이터와는 완전히 다르다는 사용자도 많다. 개인의 취미, 기호가 더욱 세분화된 결과라고 할 수 있다.

아마노 아키라가 지적한 것처럼 현대의 정보는 매스형(매스미디어를 계기로 사람, 사물이 움직인다)에서 인플루언서형(동경하는 사람의 추천으로 사람, 사물이 움직인다), 나아가 시뮬라크르형(정보의 발단이 불분명하지만, 많은 사람이 동경하거나 공감하는 유사 체험을 한다)으로, 전파의 패턴이 점점 세세해지고 있다.

이전의 매스형, 즉 중앙집권형 시대에는 새로운 도전을 시도할 참여 기회가 기본적으로 많지 않았다. 필자가 2018년에 《동영상 2.0》을 출판한 이후, 유튜브 톱 크리에이터의 면면은 고정화되었고 혼돈의 시대는 끝났다.

하지만 틱톡이라는 새로운 물결이 찾아왔고, 다시금 동영상의 세계는 초기화가 이루어지고 있다.

2021년에 유튜버 하지메샤초はじめしゃちょー가 '다시 뒤로 밀렸습니다. 도대체 준야가 누구야?'라는 동영상을 올렸다.[9] 준야じゅんや[10]는 2018년에 틱톡 계정을 개설하고, 일본인 중에 처음으로 1천만 팔로워를 달성했으며, 2020년 9월에 유튜브를 시작하고 약 1년 만에 하지메샤초 채널의 구독자 수를 넘어섰다.

하지메샤초가 이 동영상을 올렸을 때 대부분의 사람이 같은 생각, 즉 '도대체 준야가 누구야?'라고 생각했다. 그도 그럴 것이 준야의 팔로워나 채널 구독자 대부분이 외국인이었기 때문이다. 활동을 개시했을 무렵부터 일본이 아니라 전 세계를 대상으로 한 콘텐츠를 계속해서 만들었다. 실제로 동영상을 보면 어떤 것이든 비언어적인non-verbal 커뮤니케이션에 특화되어 있으며 국가나 언어의 장벽을 뛰어넘어 사랑받는 동영상을 만든다는 사실을 알 수 있다. 현재 그의 유튜브 채널 구독자 수는 일본에서는 아무도 이루지 못한 3160만 명을 넘겼다(2023년 12월 시점).

---

9 https://www.youtube.com/watch?v=p_pJWgrya4o
10 https://www.youtube.com/@junya1gou

엄청난 스피드로 그가 성장한 것은 틱톡의 초기 단계부터 팬 커뮤니티를 만들고 숏폼 콘텐츠를 양산했기 때문이다. 이것은 유튜브밖에 없던 시대에는 불가능했던 방법이다. **전파 방법이 다양할수록 신규 진입의 기회가 많아진다.** 즉 지금이야말로 동영상을 시작하기에 최고의 기회라고 할 수 있다.

법칙 12 ⑨ 권위적에서 친화적으로

이런 흐름 속에서 톱 유튜버들은 상대적으로 권위적으로 변해가고 있다.

애초에 유튜브는 연예인과 달리 **친구와 대화하는 것처럼 쉽고 편하게 접할 수 있어서** 많은 사람이 편하게 찾는다고 할 수 있다. 하지만 스마트폰으로 재생하는 세로형 숏폼에서는 그 경향이 더욱 두드러진다.

톱 유튜버들이 자신의 영향력을 증대시키면서 콘텐츠의 업로드 빈도가 느려지는 것과는 대조적으로, 세로형 숏폼은 제작 난이도가 낮아서 콘텐츠의 업로드 빈도가 더욱 잦다. 시청자는 거의 매일매일 틱톡커의 동영상을 보는 가운데, 그 틱톡커를 정말로 친구처럼 느끼게 된다.

틱톡 사용자에게 이야기를 들어 보니, '유튜버보다 틱톡커가 더 가깝게 느껴진다'라는 사람이 무척 많았다. 틱톡커의 스타일은 기존의 유튜브 크리에이터에게 날리는 카운터 펀치다. 틱톡커가 시대의 중심이 됨으로써 권위적에서 친화적으로 변하는 흐름은 피할 수 없는 것처럼 보인다.

법칙 13 ⑩ 질에서 양으로

지금 유튜브의 세계에서는 동영상 중간에 들어가는 미드롤Mid-Roll이라고 불리는 광고가 수익의 핵심이 되고 있다. 따라서 동영상의 길이가 어느 정도 되지 않으면 수익화가 어렵다. 미드롤은 8분 이상의 동영상이 아니면 넣을 수 없다는 규정이 있다. 결과적으로 유튜브의 동영상은 그 8분을 보게 만드는 질을 추구하게 되었고, 본질적으로 '양보다 질'이 요구된다.

한편 틱톡 같은 **숏폼에서는 '친구처럼 매일 만나는 것'이 중요**하기에 유튜브와 비교할 때 업로드 빈도가 매우 높다. 하지만 동영상 하나당 길이는 최저 15초, 그보다 길더라도 평균 30초에서 1분 정도이므로, 크리에이터로서는 유튜브보다 업로드의 문턱이 낮다.

앞으로의 동영상 3.0, 즉 숏폼의 시대는 질보다 양이라는 요소가 더욱 중요해질 것이다.

'파레토의 법칙Pareto principle'[11]으로 설명해보자면, 단순히 동영상 한 편을 완성하는 것은 전체 시간 중 20%의 시간이면 만들 수 있다. 다만 그 동영상의 질을 높이려면 나머지 80%의 시간이 필요한 것이다. 하지만 이렇게 콘텐츠 타임라인의 속도가 빨라진 시대에 하나의 동영상에 온 힘을 쏟아붓는 것이 과연 좋은 방법이라고 할 수 있을까?

그보다는 전체적으로 봤을 때, 콘텐츠로 가득 찬 계정을 만드는 편이 어텐션을 축적해간다는 점에서 더욱 중요하다. 그렇게 생각하면 앞으로 SNS에서는 질보다 양이 우선시되는 것은 당연할 것이다. 앞에서 이야기한 것처럼 동영상 3.0 시대의 본질은 가공이 아니라 생산과 유통인 셈이다.

---

11 '전체 수치의 80%는 전체를 구성하는 요소 중 20%의 요소가 만들어낸다'라는 경험칙이다. 구체적인 예로 '매출의 80%는 20%의 사원에게서 나온다' 등이 있다. '80:20의 법칙'이라고도 한다.

기업과 비즈니스맨의 진짜 경쟁 상대는 크리에이터

이런 시대의 변화를 비즈니스맨은 어떻게 받아들여야 할까?

2018년경에는 '그래도 유튜브는 젊은 친구들만 보지 않나요? 역시 일시적인 붐 아닌가요?'라고 말하는 사람이 많았다.

그로부터 5년이 지난 지금, 유튜브를 젊은 층 대상 플랫폼이라고 생각하는 사람이 있다면 누구나 '지금 당장 생각을 고쳐먹는 것이 좋을 것이다'라고 충고할 것이다. NTT 도코모의 모바일사회연구소가 발표한 〈2022년 일반 대상 모바일 동향 조사(2022年一般向けモバイル動向調査)〉에 따르면 지금은 60~70대의 약 절반이 유튜브를 시청하는 시대가 되었다.

변화의 조짐이 보일 때 기존의 관습에 사로잡혀 있는 사람은 '이건 젊은 층을 위한 것이다', '일시적인 현상이다'라며 변명을 앞세운다. **하지만 그 조짐의 뒷면에는 젊은 층만 느낄 수 있는 불가역적인 움직임이 일어나고 있는 경우가 대**

부분이다. 그렇기에 필자는 그 조짐을 여러분에게 전하고 싶어서 이 책을 쓰고 있다.

그랬던 시기에 《동영상 2.0》을 읽고 유튜브에 제대로 도전한 기업과 개인 크리에이터 등 많은 사람이 5년이 지난 지금 성공을 손에 넣었다. 비즈니스의 세계에는 선행자 이익이 있기 때문이다.

지금 이 변화를 놓친 채 주변보다 늦게 '유튜브를 해야 한다'고 생각해서 필자의 전작에 적힌 기준으로 임하려 한다면 더 큰 벽에 부딪힐 것이다.

예를 들어 지금 많은 크리에이터가 P2C person to consumer [12]의 판매 방식으로 오리지널 브랜드를 관리하고 있다. 유튜브 크리에이터인 히카루의 사업이 적합한 예로, 그들이 제안하는 화장품과 의류는 대기업이 시간을 들여서 정성껏 개발한 브랜드나 상품의 월 매출을 겨우 하루 만에 뛰어넘을 정도의 속도를 내기도 한다.

이러한 라이벌이 당연하다는 듯이 나타나는 가운데, 자신들의 비즈니스를 지키고 상품과 서비스를 더 많은 사람에게 전달하기 위해서는 앞으로 논할 '어텐션'을 어떻게 사로잡는지가 가장 중요한 과제가 될 것이다.

동영상 3.0 시대의 커다란 파도는 개인이 크리에이터로서 활약하기 쉬워졌다는 배경 아래 태어났다. **기업과 비즈니스맨의 진짜 경쟁 상대는 라이벌 회사가 아니라 크리에이터**다. 이런 시대에 기업과 비즈니스맨이 크리에이터가 되거나 크리에이터 마인드를 가지는 것을 주저하다 보면 우위의 포지션을 지키기 어려울 것이다.

---

12 개인이 오리지널 브랜드나 서비스를 구축하고, 자신이 정보 공급자가 되어 각 물건을 판매하는 비즈니스 모델을 말한다.

얼마나 많은 주목을 끌 수 있는지가 비즈니스 승패를 가른다

법칙14 경영자원의 새로운 4대 요소는 인적 자원, 물적 자원, 자본, 어텐션

이 책의 Opening에서 새롭게 도래한 현시대의 비즈니스를 가속시키는 경영자원의 새로운 4대 요소가 인적 자원, 물적 자원, 자본, 어텐션이라고 이야기했다. 여기에서 다시 어텐션의 중요성에 대해 생각해보고자 한다.

과거 경영자원의 3대 요소는 인적 자원, 물적 자원, 자본이라고 했다.

필자가 경애하는 크리에이티브 디렉터이자 The Breakthrough Company GO(이하 GO)의 대표인 미우라 다카히로三浦 崇宏가 4번째 요소로 '언어'를 추천했듯이, 4번째 요소는 개개인이 관여하는 영역에 따라 달라질지도 모른다.

하지만 크리에이터 이코노미가 세계적인 규모로 급속도로 확대되는 이유를 분석하려면 '어텐션'은 절대 빼놓을 수 없는 요소라는 사실은 분명하다.

돌아보면 경영자원의 4번째 요소로서 정보가 주목받는 시대가 있었다. 다만 정보라는 요소가 세상의 온갖 비즈니스에 들어맞는가 하면, 반드시 그렇지는 않다.

현재는 많은 사람이 DX digital transformation에 주목하고 있지만, 정보(데이터)를 제대로 활용할 수 있는 기업과 상품은 한정되어 있다. 애초에 세상에는 DX에 투자할 수 있는 대기업보다 데이터 자체가 축적되지 않은 작은 규모의 비즈니스 쪽이 훨씬 많기 때문이다.

예를 들어 지역 상점가가 DX에 비용을 투자하여 고객 정보를 완벽히 정리했다고 해서, 그것이 매출과 직결될까? 오히려 상점가가 많은 사람에게 주목받을 만한 뉴스를 만드는 편이 상점가 사람들에게는 더 좋을 것이다. 이것이야말로 어텐션의 힘이다.

경영자원의 요소 중 인적 자원, 물적 자원, 자본은 굉장히 직접적으로 작용한다. 사람이 3명 있는 것보다 10명 있는 편이 일은 빠르게 진행되며, 물적 자원과 자본도 적은 것보다 많은 것이 좋다.

하지만 정보나 언어는 '적은 것보다 많은 것이 좋다'라고는 할 수 없으며, 데이터 정제 data cleansing [13]를 하거나 정제된 에센스를 파악할 필요가 있다. 그것은 매우 어려운 일이며 간단하지 않기 때문에 경영자원으로서 정착하지 못한 것 아닐까?

한편, 어텐션에 관해서는 틀림없이 적은 것보다 많은 것이 좋다. 인적 자원, 물적 자원, 자본과 비슷한 기준으로 생각할 수 있다. SNS의 침투로 인

---

13 데이터베이스 내의 각종 데이터 중 파손, 중복, 결함을 동반한 데이터를 정리, 가공하여 원활하게 이용할 수 있는 상태로 데이터의 질을 높이는 것을 의미한다.

해 '주목받는 것'은 명백하게 사람들의 행동을 정하는 커다란 요인이 되었다. 그런 상황에서 어텐션은 매우 중요한 경영자원이 될 것이다.

자신의 얼굴을 세상에 노출하고 어텐션을 획득한다

인터넷이 발달한 고도의 정보화 사회에서 사람들의 어텐션은 귀중한 자원으로 비즈니스를 성장시켜 나간다. 어텐션을 모으는 것만으로 온갖 사업이나 서비스 전개가 쉬워지는데 필자는 종종 이것을 '팔로워가 있으면 무엇이든 할 수 있다'라고 말한다.

그렇다면 그 어텐션을 모으는 데 필요한 요소는 무엇일까?

가장 중요한 포인트는 바로 비주얼이다. 웹상에 주로 텍스트 콘텐츠만 있던 시대에는 독자적인 경제권이 생겨날 정도로 사람들의 어텐션을 모으는 스타가 없었다. 하지만 최근 수년 사이에 스마트폰 카메라와 스크린이 발달하면서 비주얼이라는 강렬한 임팩트를 가진 요소를 사람들에게 전달하는 것이 간단해졌다.

예전에 필자는 게임 개발사 그리GREE의 창업자인 다나카 요시카즈田中 良和

의 발언에 크게 감명을 받은 적이 있다. 다나카는 '스마트폰의 등장보다 셀카가 더욱 중요한 것과 마찬가지로, 블록체인이 아니라 비트코인이야말로 역사적 발명이다'라고 말했다.

이것을 해석하자면, 아마도 스마트폰이라는 테크놀로지보다도 스마트폰의 내장 카메라를 통해 자신을 촬영하는 '셀카'라는 새로운 문화가 생겨난 점과 그것이 사람들의 행동을 바꿨다(자연스레 인터넷에 얼굴 사진을 올리게 되었다)는 사실이 더 큰 임팩트를 가진다는 말이다.

블록체인이라는 기술 자체는 단순한 테크놀로지에 지나지 않지만, 거기에 금융상품이라는 성질이 합쳐짐으로써 사람들이 그 가치의 오르내림에 열광하고 사들이기 시작한 비트코인도 마찬가지다.

언제든 **본질적인 가치는 테크놀로지 너머, 인간의 행동 원리를 바꾸는 현상에 숨어 있는 법**이다.

테크놀로지가 태어나고, 그것을 사용하는 사람들 사이에서 새로운 문화가 생겨나며, 그에 따라 콘텐츠나 미디어의 형태가 달라진다. 세상은 이런 형태로 나아간다.

크리에이터 이코노미의 근저에는 테크놀로지의 진화, 그리고 디바이스의 진화가 있다. 이에 따라 사람들의 행동이 달라지고, 셀카를 찍는 것과 자신의 얼굴을 인터넷에 노출하는 것이 평범한 일이 되었다. 그 결과, 어텐션을 모으는 사람들, 즉 크리에이터가 탄생했다.

그들은 스스로 모여드는 어텐션을 사용하여 크리에이터의 틀을 넘어서 사업 활동을 하기 시작했고, 그리하여 크리에이터 이코노미라는 신시대의 경제권이 구축되기에 이르렀다.

크리에이터 이코노미 탄생의 경위

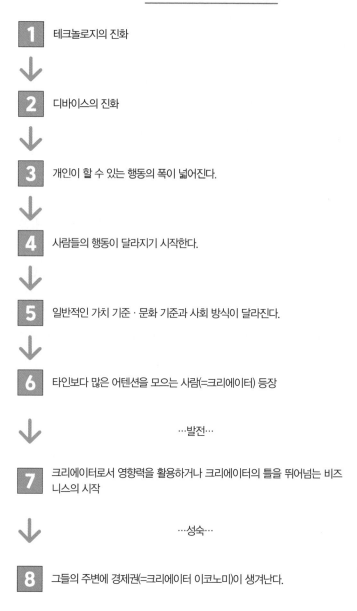

1 테크놀로지의 진화

↓

2 디바이스의 진화

↓

3 개인이 할 수 있는 행동의 폭이 넓어진다.

↓

4 사람들의 행동이 달라지기 시작한다.

↓

5 일반적인 가치 기준·문화 기준과 사회 방식이 달라진다.

↓

6 타인보다 많은 어텐션을 모으는 사람(=크리에이터) 등장

↓ ···발전···

7 크리에이터로서 영향력을 활용하거나 크리에이터의 틀을 뛰어넘는 비즈니스의 시작

↓ ···성숙···

8 그들의 주변에 경제권(=크리에이터 이코노미)이 생겨난다.

돈으로는 살 수 없는 조회 수 폭발 상황, 어텐션 이코노미

크리에이터 이코노미의 파도를 놓치지 않기 위해서는 어텐션 이코노미가
만들어내는 현상에 대해서도 알아둘 필요가 있다.

어텐션 이코노미는 노벨 경제학상을 수상한 허버트 사이먼Herbert Simon이
1996년에 제창하고, 1997년에 미국의 사회학자 마이클 골드하버Michael
Goldhaber가 퍼트리면서 알려진 말이다. 우리말로 풀자면 관심경제, 주목경
제(주의력 경제)라고 할 수 있는데, 사람들의 관심이나 주목의 정도가 경제
적 가치를 가지는 경제권을 뜻하며, 어텐션이 통화처럼 교환재로서 기능하
는 상황과 개념을 가리킨다.

법칙 15 온갖 콘텐츠를 일정 수준 이상의 수준으로 유지한다

앞에서 이야기한 틱톡 품절 대란은 어텐션 이코노미의 부산물이다. 하나의 콘텐츠를 계기로 특정한 사람이나 해시태그가 입소문을 타는 순간이 갑자기 생겨난다. 그때 구체적으로 어떤 프로세스가 벌어질까?

우선 자신이 올린 콘텐츠가 화제가 되어 모두가 그 콘텐츠를 보러 온다고 해보자. 사용자가 다음으로 하는 일은 크리에이터의 계정 확인이다. 이것은 유튜브든 틱톡이든 인스타그램이든 마찬가지다. '이것을 올린 사람은 어떤 사람일까?' 같은 흥미나 호기심에 계정이나 채널을 클릭하여 그 크리에이터가 올린 다른 콘텐츠를 본다. 이것이 이른바 '보너스 타임'이다.

하지만 예를 들어 X의 경우, 하나의 트윗이 입소문을 타더라도 팔로워 수의 증가로는 이어지지 않는 경우가 많다. 왜냐하면 그 사람의 트윗을 거슬러 올라가더라도 다른 게시물은 재미없는 '배고파'라거나 '오늘은 저기압이라서 머리 아파' 같은 트윗밖에 없기 때문이다.

어텐션 이코노미에서 입소문이라는 '조회 수 폭발 상황'에는 돈으로 살 수 없는 가치가 있다. 하지만 그 어텐션이 모이는 순간에 그 트윗을 보러 온 사람들이 확 끌릴 법한 다른 트윗이 없다면 입소문은 일회성으로 끝난다.

이것은 동영상에서도 마찬가지다. 어떤 동영상이 화제가 되어 그것을 본 사람이 '다른 동영상도 좋다'라고 생각한 순간에 팔로우가 발생한다. 결국은 폭발적으로 주목받는 상황이 찾아오는 순간까지 얼마나 잘 준비하며 콘텐츠를 쌓아 놓았는지가 어텐션 이코노미에서는 성공의 갈림길이 된다.

사실 이것은 필자의 실제 경험담이기도 하다. 예전에 원미디어의 주주이기도 한 아루ァル의 대표인 후루카와 겐스케古川 健介가 "아카시 씨, X를 해봅시다. 이름은 '가쿠토(ガクト)'라고 가타카나로 표기하고, '동영상의 진수' 같은 것을 당당하게 올려주세요"라고 조언했다. 주주의 의뢰이기에 거절할 수 없었다. 우선 하루 동안 X를 해봤지만, 올릴만한 내용이 금방 다 떨어지고 말았다. "후루카와 씨, 더는 트윗에 올릴 게 없어요"라고 솔직히 말했더니 후루카와가 몇 개의 X 계정, 이른바 '셀러브리티 계정'의 링크를 보냈다. "아카시 씨, 이 사람들의 계정을 한번 보고 트윗을 읽어보세요. 뭔가 깨닫는 게 있지 않나요?" 그때 필자는 깨달았다. 그들은 거의 비슷한 내용을 말투나 접근법을 바꿔서 반복해서 올리고 있었던 것이다.

정보가 넘쳐나는 지금 시대에는 제아무리 재미있는 테마라고 해도 한 번의 트윗으로는 묻히고 만다. 그래서 필자는 동영상의 에센스를 반복해서 다른 각도로 표현하는 방법을 취했고, 어떻게든 팔로워 수를 늘릴 수 있었다.

법칙16 입소문 탄 콘텐츠처럼 기대치를 만족시키는 것을 100개 만든다

이 사고방식을 동영상으로 전환해서 발전시키다 보면 기대치 컨트롤이 무척이나 중요하다는 사실을 알 수 있다.

사람은 누군가의 콘텐츠를 보러 올 때 반드시 무언가를 기대한다. 예를 들어 항상 기운 넘치는 크리에이터의 모습을 보고 웃다 보면 직장이나 학교의 고민거리가 조금 풀리고 앞으로 나아갈 기분이 들게 하는 것 등을 꼽을 수 있다.

그것이 쓸데없지만 재미있든지 아니면 배울 점이 있고 내일부터 도움이 될 것 같다든지 간에 기대치가 그 뿌리에 있다는 사실은 다르지 않다. 그런 사람들의 기대치를 만족시킬 수 있는 콘텐츠를 꾸준히 올리는 것이 중요하다. 그러다 보면 그 안에서 무언이든 주목받는 순간이 반드시 찾아온다.

많은 사람들에게 반응이 오기 시작했을 때, 그것을 팔로우나 채널 등록으로 전환하기 위해 가장 중요한 것은 **입소문을 탄 콘텐츠처럼 기대치를 만족시키는 콘텐츠가 그 외에도 100개 있는가**라는 점이다. 유비무환이라는 말처럼, 계속해서 준비해두는 것이 어텐션을 얻어내기 위한 필수 조건이다.

어텐션 이코노미가 격변시킨 동영상 콘텐츠의 오늘

틱톡 품절 대란에서 볼 수 있듯이 어텐션 이코노미의 영향력이 어느 때보다 강해진 지금, 동영상에는 어떤 변화가 일어날 수 있을까?

법칙 17 2초와 6초의 법칙

필자가 매일 느끼는 것은 콘텐츠를 만드는 크리에이터라는 '사람'의 존재가 더욱 중요해졌다는 점이다. **사용자의 어텐션이 향하는 곳은 그저 동영상뿐만 아니라 그 동영상을 만들어내는 크리에이터의 존재이며, '크리에이터 자신의 캐릭터가 돋보이는 것'이 필수 조건**이다.

어텐션 이코노미의 세계에서 틱톡의 크리에이터는 사용자가 자신을 인식하게 하기 위해 다양한 노력을 한다. 피드에 한순간 나타나는 화면만으로 '이건 그 사람의 동영상'이라는 것을 알 수 있도록, 언제나 눈에 확 띄는 화려한 배경을 준비하거나 한눈에 자신을 알아볼 수 있도록 비주얼에 공을 들이는 것이 중요하다.

또한 콘텐츠의 양이 늘어나는 현대사회에서는 사용자가 어텐션을 유지할 수 있는 시간이 점점 줄어들고 있다. 더욱이 유튜브 시대보다 틱톡 시대에서는 '자신이 어떤 사람이며 이것은 무엇을 위한 동영상인지'를 설명할 수 있는 시간이 더 짧아졌다.

틱톡의 경우, '2초 이내'에 자기소개를 하고 '6초 이내'에 이 동영상이 무엇을 위한 동영상인지를 드러내지 않으면 시청 수는 늘어나지 않는다. 유튜브 시대와 비교할 때 체감상 1.5배 정도의 시간으로 압축되어 있다.

법칙 18 점프 컷으로 IPT가 높은 콘텐츠를 만들어낸다

《동영상 2.0》에서 필자는 영상과 동영상의 차이를 설명하기 위해 시간당 정보량information per time, IPT이라는 개념을 제창했다. 영상에서 동영상으로의 변혁에 있어서 가장 중요한 포인트는 정보의 압축에 있다.[14] 그것을 체현하는 동영상의 문법 중 하나가 유튜버가 만들어낸 점프 컷jump cut이라는 편집 방법이다.

점프 컷이란 대화나 전개 사이에 있는 불필요한 말 등을 극한까지 잘라내고 전하고 싶은 정보(부분)만을 남기는 편집 방법을 말한다. 점프 컷을 사용함으로써 동영상의 IPT는 비약적으로 높아졌지만, 이것은 기존의 TV와 같은 영상 편집 수법으로 보자면 쉽게 위화감을 조성할 수 있어서 금기시

---

14 옮긴이_ 저자는 전작에서 '정보가 압축된 영상 콘텐츠'를 동영상이라고 정의했다.

되는 경우가 많았다.

하지만 이것을 당연하다는 듯이 사용하는 곳이 유튜브다. 유튜브는 사용자가 주체적으로 콘텐츠를 재생하고, 광고를 스킵하며 때로는 빠른 배속으로 시청한다. 이런 시청 스타일이 널리 퍼지게 된 이유는 타임 퍼포먼스를 중시하는 사용자들이 IPT가 높은 콘텐츠를 찾기 때문이다.

법칙 19 1분, 그리고 1초당 단어량을 늘린다

이런 경향은 숫자로도 드러난다. 영어권에서 시간당 단어량을 비교한 데이터가 있다.

- 평범한 대화: 1분당 100단어
- 인기 TED 토크 TOP 5: 1분당 150단어

TED의 명연설은 평범한 대화보다 IPT가 1.5배나 높다. 시간당 인풋양이 많으면 사람들은 타임 퍼포먼스가 좋다고 느낀다.

그렇다면 이것을 유튜버와 비교해보자.

채널 구독자 수 1.68억 명(개인 유튜브 채널로는 세계 1위. 2023년 7월 시점)을 자랑하며 2021년에는 약 620억 원을 벌어들임으로써 유튜버 연간 수입 역대 세계 1위의 기록을 가진 MrBeast라는 크리에이터가 있다.[15]

그의 동영상의 IPT는 어떨까? 답은 다음과 같다.

- 동영상의 최초 10초: 250단어

---

15 https://www.youtube.com/@MrBeast

1분이 아니라 겨우 10초 만에 TED의 IPT를 가볍게 뛰어넘는다. 이처럼 사람을 홀리는 크리에이티브의 뒤편에는 그 매력의 원천이 되는 비밀의 숫자가 잠들어 있다.

법칙 20 클립에 대응할 수 있는 원액 콘텐츠를 의식한다

그렇다면 틱톡이나 유튜브 쇼츠Youtube Shorts와 같은 새로운 장이 태어남으로 인해 IPT의 중요성은 어떻게 바뀌게 될까? 동영상 2.0보다 더욱 타임 퍼포먼스에 대한 의식과 콘텐츠의 유통력을 높이는 흐름이 가속화되면서 IPT를 더 의식해야만 할 것이다.

그 증거가 2022년 이후에 생겨난 새로운 움직임인 클립clip 동영상이다. 클립 동영상이란 주로 라이브 방송이나 유튜브에 올라온 장시간의 원본 동영상을 클리퍼clipper라고 불리는 제3자가 그 동영상의 요점이나 메시지를 정리하는 형태로 재편집한 동영상이다.

클립 동영상은 IPT가 낮은 동영상을 피하는 젊은 층의 기호와 잘 맞는 동시에, 크리에이터와 클리퍼 모두에게 이점이 된다는 경제적인 에코 시스템에 의해 폭발적인 붐을 일으켰다. 클립 동영상에서는 원본 동영상을 만든 크리에이터와 클리퍼가 합의하여 수익 비율을 정함으로써 쌍방 모두에게 수익이 들어오는 구조가 만들어져 있다.

2채널2ch[16]의 창시자로도 알려진 니시무라 히로유키西村 博之처럼 클리퍼를 조직화하여 자신의 원본 동영상이 효율적으로 확산되는 시스템을 만드는

---

16 옮긴이_ 익명으로 게시물을 올릴 수 있는 커뮤니티 사이트로, 한국의 디시인사이드와 유사하다. 현재는 5채널(5ch)로 이름이 바뀌었다.

크리에이터도 나타났다. 본래 IPT가 높은 콘텐츠를 만들기 위해서는 콘텐츠의 생산 → 가공 → 유통에서 가공 부분, 즉 편집 능력과 작업 시간이 필요하다.

하지만 IPT가 높은 콘텐츠로 전환할 수 있는, 알맹이가 있는 이야기를 할 수 있는 크리에이터는 클립 동영상 덕에 직접 가공하지 않아도 무방하다. 라이브 방송이나 장시간의 동영상으로 콘텐츠를 늘려 놓으면 가공은 누군가가 알아서 해주고, 그것이 유튜브나 틱톡 등에서 유통된다. 그 클립 동영상을 보고 사용자가 원본 동영상을 검색하여 시청하거나, 크리에이터의 팬이 되는 피드백 현상도 벌어지고 있다.

클립 동영상 비즈니스는 캐릭터성이 돋보이는 크리에이터(정보 제공자)의 원본 동영상이 없으면 성립하지 않는다. 반대로 말하면 높은 IPT를 견디는 이야기를 할 수 있는 인물이 지금 매우 중요하게 여겨진다는 식으로도 생각할 수 있다. 온갖 것이 사람들의 주의력을 서로 빼앗는 어텐션 이코노미에서 IPT의 밀도와 함께 단번에 시청자를 사로잡는 크리에이터의 인력引力이 극히 중요하다.

이것은 과거 호리에 다카후미堀江 貴文가 《다동력》(을유문화사, 2018)에서 '칼피스[17]원액을 만든다'라는 지론을 전개한 것과도 통한다. 칼피스 원액 같은 진한 아웃풋이 있으면, 그것을 주변 사람이 자신의 취향에 맞는 농도로 만들어 마셔도 좋고, 탄산수를 섞어 칼피스 소다를 만들어도 좋다. 필자처럼

---

17 옮긴이_ 1919년에 출시된 일본의 유산균 음료수 브랜드. 지금은 물이나 탄산수에 희석한 상태로도 판매하지만, 기본은 진한 농도의 원액 상태이므로 소비자가 원하는 농도로 희석해서 마시는 방식이다. 기업인이자 방송인인 호리에 다카후미는 원액이 되는 콘텐츠를 만들어두면 주변에서 알아서 확산해준다는 내용을 《다동력》에 담았다.

우유와 섞어 진한 맛으로 마시는 것도 자유다.

주변 사람들을 끌어들이고 알아서 원액을 사방에 퍼뜨리게끔 하는 것이 중요하다고 설파한 《다동력》이 일본에서 출간된 것은 2017년이다. 동영상과 SNS 모두 그 무렵보다 훨씬 더 발달한 상태다. 향후에는 클립 동영상처럼 원액을 연하게 만드는 시스템을 플랫폼 측이 공식적으로 준비하게 될지도 모른다.

개인이 틀을 뛰어넘는 사람이 되어 더욱 활약해나갈 미래를 만드는 다동력은 그야말로 크리에이터 이코노미의 중심이라고도 할 수 있다.

마케팅의 기축통화는 도달률에서 어텐션으로

기본적으로 지금까지의 마케팅은 전부 도달률(광고를 본 사용자 수)을 축으로 가격이 정해졌다. 신문이나 잡지는 발행 부수라는 도달률을 바탕으로 광고 비용이 결정된다. TV의 도달률 지표가 되는 것은 GRP(총시청률)이다.

애초에 시청률이란, 시청률의 조사 대상이 되는 모니터 세대 중에서 어떤 TV 방송을 어느 정도의 세대가 보고 있는지를 나타내는 퍼센트를 가리킨다. 이러한 세대 시청률을 바탕으로 매분 시청률 1퍼센트의 방송에 TV 광고를 한 편 흘려보내는 것을 1GRP라고 한다. 예를 들어 매분 시청률 15퍼센트의 방송에 세 편의 광고를 흘려보내면 45GRP가 된다. TV 방송은 1GRP당 단가가 정해져 있으며, 이에 따라 TV 광고가 거래된다.

신문과 잡지, TV 모두 기존에는 그들의 콘텐츠가 정말로 읽히거나 시청되는지를 정확하게 측정할 수 없었고, 따라서 도달률을 기준으로 한 광고 매체의 가격이 정해졌다.

디지털 시대가 되자 유튜브를 비롯하여 재생 횟수나 인플레이션 수(광고가 표시되는 횟수)를 측정할 수 있게 되기는 했지만, 기본적으로는 도달률을 기준으로 이해해왔다. 이것은 아마도 종래의 광고 거래에서의 기축통화를 따르는 편이 디지털 광고로 전환하기 쉬웠기 때문일 것이다.

또한 현재 디지털 광고의 경우, 어느 정도 도달률을 축적하더라도 TV에는 당해낼 수 없다. 그만큼 TV가 가진 도달률은 여전히 압도적이며, 도달률 단가로 보면 결국 TV 광고를 사는 편이 저렴하다.

도달률과 어텐션의 차이

도달률		어텐션
가능(정량적)	**측정 가능성**	불가능한 경우도 있다(정성적).
재생 횟수, 인플레이션	**지표의 예**	해당 콘텐츠를 접한 사람의 마음을 얼마나 사로잡고 놓아주지 않는가.
인지 레벨에 그친다(그런 게 있었던 것 같기도 하다).	**효과**	열성 팬도 획득할 수 있다(좋아서 계속 확인한다).
돈으로 살 수 있다.	**구입 가능 여부**	돈으로는 살 수 없다.
단발적인 접근이 기본이다.	**접근 방법**	지속적으로 접근한다.
더 많은 자원을 가진 기업과 사람이 유리하다.	**누구의 편인가?**	가지지 못한 자에게도 승산이 있다.

법칙21 디지털 미디어의 강력한 무기, 어텐션

그렇다면 디지털이 가진 본질적인 가치란 무엇일까?

이것은 역시 단순한 인지가 아니라, 틱톡이 '흥미에서 덜컹'이라고 표현한 것처럼 사람의 마음에 깊숙이 들어가서 행동으로 재촉하는 작용이다. **이런 구조 안에서 기축통화가 되는 것은 '도달률'이 아니라 '어텐션'이다.**

100만의 도달률을 돈으로 사는 것이 아니라, 100만 도달률만큼의 어텐션을 불러오는 콘텐츠를 만들 수 있다면, 이것은 과히 멋진 성과라 할 수 있다. 또한 그 콘텐츠를 매일 누군가에게 전달하기 위한 유통 비용은 디지털 세계에서는 공짜에 가깝다.

도달률을 사기 위해서는 그때마다 돈이 필요하므로 단순히 돈을 가진 사람이 강한 게임이 된다. 하지만 앞으로는 도달률에 돈을 쓰지 않아도 자신들의 콘텐츠로 어텐션을 모은다면 물건도 팔 수 있고 '현상'을 만들 수도 있다.

도달률보다도 어텐션이 중요하다는 사실을 더욱 쉽게 이해할 수 있도록 일부러 동영상이 아닌 예를 들어 보고자 한다.

2018년, 도쿄 메트로의 국회의사당앞역과 가스미가세키역에 붙은 광고가 소셜미디어에서 화제를 모았다. 이것은 켄드릭 라마Kendrick Lamar[18]의 방문에 맞춰서 게재된 광고로, 공적 문서 같은 종이에 적힌 문자를 검게 칠한 후 그 위에 그의 최신 앨범 타이틀인 《DAMN.》이라는 문자가 덧그려져 있었다.

---

18 미국에서 가장 영향력 있는 아티스트 중 1인. 2017년에 발표한 앨범 《DAMN.》으로 힙합 가수로는 최초로 퓰리처상의 음악 부문을 수상했다.

당시 세간에서는 '모리토모·가케 사건森友·加計事件'[19]가 논란이 되고 있었다. 그런 와중에 정부나 지자체가 글자를 검게 칠해 내용을 숨겨 공표한 문서를 패러디한 것이 이 광고다. 하지만 그것만으로는 이 광고의 메시지가 이렇게까지 세간의 주목을 받지는 못했을 것이다.

포인트는 이 광고물을 국회의사당앞역과 가스미가세키역이라는, 이른바 일본의 정치적 중추에 해당하는 두 역에 게시한 점이다.[20] 그 게시 장소가 가진 콘텍스트를 검게 칠한 문서라는 콘셉트로 제시한다. 그리고 포스터를 본 사람의 수는 실제로 두 역에서 실물을 본 사람보다 누군가 스마트폰 카메라로 촬영해서 SNS에 올린 이미지를 본 사람 쪽이 훨씬 많다.

즉 돈으로 산 도달률(역의 이용자 수에 근거함)은 그렇게까지 많지 않지만, 그에 따라 생겨난 어텐션의 결과로서 화제가 되었고 최종적으로 많은 도달률을 달성한 사례에 해당한다.

사실 이 광고는 예산이 그다지 많지 않았기 때문에 착안된 방법이었다고 한다. '이런 상황에서 화제를 만들려면 어떻게 하면 좋을까?' 하고 고민한 결과, 우선 가스미가세키역과 국회의사당앞역 두 곳에 광고를 내서 화제를 모으자는 기획이 나왔다고 한다.

그야말로 어텐션을 만듦으로써 도달률을 최대화한 훌륭한 사례다. 이 광고를 만든 것은 미우라 다카히로가 이끄는 GO다. GO의 미션은 '온갖 회사의 변화와 도전에 관계하는 것'이다. 기존 광고 업계의 상식은 광고 비용이 전부였으며 크리에이티브는 후순위였다. GO는 크리에이티브의 힘을 통

---

19 옮긴이_ 모리토모 학원 및 가케 학원과 연루된 정치 비리 사건이다.
20 옮긴이_ 가스미가세키는 일본의 관청이 밀집한 지역이다.

해 얼마나 많은 자금으로 미디어 바잉media buying을 하는지로 승패를 가르던 기존의 게임을 뒤집는 대담한 기술을 보여주었다.

반복하겠다. 어텐션이야말로 돈도 명예도 인맥도 가지지 못한 자가 그것을 가진 자를 이기는 유일한 비결이다.

스마트폰 발전과 비용 절감으로 누구나 전달 수단을 갖게 되었다

도달률에서 어텐션이 중시되는 흐름에 어떤 기업보다 먼저 올라타고 실천
하며 증명한 것이 바로 크리에이터다. 원미디어의 제휴 크리에이터이기도
하며 경영자이기도 한 유코스는 2021년의 개인 연간 매출이 100억 원을
돌파한, 이른바 크리에이터 이코노미의 개척자 격인 존재다.

만약 기업이 도달률을 사서 100억 원의 매출을 만들고자 한다면 초기 투자
에서 몇십억 원이나 되는 미디어 바잉이 필요할 것이다. 하지만 유코스는 자
신의 팬 커뮤니티가 만들어내는 어텐션 이코노미로 도달률 구입 없이 그것
을 달성했다. 2016년에 유튜브 채널 '유코스 모테 채널(ゆうこすモテちゃん
ねる)'[21]을 개설하고 동영상 제작을 계속해온 그녀이기에 가능했던 성공이
다. 동영상 3.0 시대에는 그녀처럼 **전달 수단을 가진 크리에이터가 사업가로서**

---

21 https://www.youtube.com/@yukos_0520

활약하는 케이스가 늘어날 것이다.

어떻게 그것이 가능해졌을까? 여기에는 두 가지 포인트가 있다.

하나는 SNS, 즉 인스타그램, 유튜브, 틱톡 같은 비주얼 전파에 적합한 플랫폼이 나타났고 스마트폰의 진화로 셀카라는 혁명이 일어났다는 점이다.

다른 하나는 실질적인 제작비 절감을 손꼽을 수 있다. TV 시대에는 콘텐츠를 만드는 생산 단계에서 커다란 스튜디오나 1억 원 이상의 고가 카메라가 필요했다. 또 가공 단계인 편집 작업에서는 1시간당 20~50만 원을 들여 편집 스튜디오를 빌리는 일이 당연시되었다. 그리고 유통 단계에서는 면허 사업이자 기득권층이기도 한 TV 전파에 올리지 않으면 콘텐츠를 많은 사람에게 전달할 수 없었다. 무언가를 만들어 방송하기 위해서는 총합 수억 원이나 되는 비용이 필요했다는 말이다.

이것이 동영상 2.0, 즉 유튜브의 시대가 되자 개인이 DSLR 카메라로 촬영하여 컴퓨터로 편집, 유튜브에 공개함으로써 생산 → 가공 → 유통이 단순해졌으며 비용도 크게 줄었다. 당시 DSLR 카메라의 가격은 100만 원 정도, 컴퓨터 가격은 200만 원 정도였다. 유튜브로 공개하는 것은 무료다. 즉 총합 300만 원 남짓의 비용만 들이면 비주얼로 원하는 것을 전달하는 수단을 모두가 가질 수 있는 시대가 되었다.

동영상 3.0, 즉 틱톡의 시대가 된 지금, 원가 절감은 더욱 진행되고 있다. 촬영은 스마트폰으로 가능하며, 편집도 굳이 컴퓨터로 어도비의 소프트웨어를 사용하지 않아도 된다. 틱톡의 우수한 편집 기능만으로도 충분하다. 그것을 그대로 공개하면 실제로 비용 없이 콘텐츠를 전달할 수 있다.

이 0원의 파워, 과거 크리스 앤더슨Chris Anderson의 《Free(프리)》(랜덤하우스

코리아, 2009)라는 책에 의해 세상에 알려지게 된 '프리미엄freemium'[22]이 가진 파워로 크리에이터의 인구는 폭발적으로 늘어났다.

누구나 비주얼 콘텐츠를 통해 어텐션을 만들어낼 수 있게 됨으로써 동영상 3.0의 시대가 도래한 것이다.

---

22 '프리(free)'와 '프리미엄(premium)'의 합성어. 기본적인 서비스나 제품을 무료로 제공하고, 그 이상의 서비스나 기능, 제품에 관해서는 유료로 제공함으로써 수익을 얻는 비즈니스를 말한다.

크리에이티브의 보편화

돈도 없고, 스킬도 경험도 없고, 인맥도 지명도도 없다.

콘텐츠와 크리에이티브가 보편화된 동영상 3.0의 시대에는 '가지지 못한 자'들이야말로 강하다. 새로운 크리에이터들은 기존의 상식에 사로잡히지 않기 때문에 엄청난 기회를 손에 넣을 가능성이 있다. 누구도 여러분에게 주의를 기울이지 않는다. 그러므로 누구에게도 방해받지 않고 위업을 달성할 수 있다.

하지만 대기업이나 이름이 알려진 연예인, 크리에이터는 틱톡 같은 미지의 플랫폼에 공포심을 가진다. 기존의 비즈니스나 플랫폼에서는 이미 돈이나 스킬, 경험을 손에 넣은 '가진 자'가 강하다. 그러므로 가진 자로서는 새로운 도전을 하는 것만으로도 커다란 리스크가 된다.

하지만 새로운 플랫폼에서는 가진 자도 가지지 못한 자도 경험치는 똑같다. 가진 자는 돈은 있지만 그것을 어떻게 쓰면 좋을지 모르며, 새로운 아이디어나 동 세대를 사로잡는 감각은 돈으로 살 수 있는 것이 아니다. 따라서 가지지 못한 자에게 기회가 있다.

그 옛날, 콘텐츠나 크리에이티브는 가진 자, 즉 특권 계급에게만 허락된 꿈이자 참가 인원수가 극히 적은 게임이었다.

이 상황은 과거 '축구 왕국'이라고 불린 필자의 고향 시즈오카와 비슷할지도 모른다. 1980~1990년대에 걸쳐 시즈오카현 내의 축구팀은 '전국 고교 축구 선수권 대회'에서 6번이나 우승했고, '전국 우승을 하는 것보다 시즈오카현 예선을 통과하는 것이 어렵다'라는 말까지 있었다. 시즈오카현에 위치한 J리그의 시미즈 에스펄스清水 エスパルス나 주빌로 이와타ジュビロ 磐田는 스타 선수가 많았고, 프로 세계에서도 시즈오카현의 축구 실력은 강했다.

하지만 2022년 11월, 시즈오카현의 두 팀은 나란히 J2 리그로 강등당했다. 고교 축구 선수권에서는 2020년에 시즈오카학원이 24년 만의 우승을 거두었지만, 그간 오랜 침체의 시기가 이어졌다.

초등학생 때 도덕 수업에서 배운 이야기로는, 시즈오카현은 우연히 브라질에서 귀국한 선생님이 있던 것을 계기로 제2차 세계대전 이후에 빠르게 체육 수업에 축구를 도입했다고 한다. 그야말로 선행자 이익이 있었던 것이다. 하지만 J리그가 발족하고 일본도 월드컵에 나가게 되면서 전국적으로 축구 경기 참가 인구가 늘어났다. 그러다 보니 자연스럽게 일본의 축구 실력이 평준화되면서 시즈오카현의 축구에서 특별함이 사라졌다.

비슷한 일이 지금 콘텐츠나 크리에이티브 업계에서도 일어나고 있다. 많은 개인 크리에이터나 지금껏 인적 자원, 물적 자원, 자본이 부족해 게임에 참가하지 못했던 중소기업이 어텐션을 획득하여 이 세계를 독점해 온 가진 자들, 즉 덴쓰나 하쿠호도 같은 대형 광고대행사의 크리에이터나 막대한 광고 지출 예산을 가진 대기업에 어금니를 드러낼 것이다.

콘텐츠와 크리에이티브가 축구와 마찬가지로 전국의 '모든 이'가 참가하는 경기로 변했기 때문이다.

누구나 15초 동안 유명해질 수 있는 사회, SNS 사용은 필수

모든 이가 크리에이터가 되는 사회, 가지지 못한 자가 강한 사회가 된 지금, '비주얼 표현을 통해 실현할 수 있는 열광'이란 도대체 무엇일까? 이것은 한마디로 말하면 일발 역전이라는 현상 아닐까?

과거 팝아트의 기수 앤디 워홀Andy Warhol은 "미래에는 누구든 15분 동안은 세계적으로 유명해질 수 있다"라고 말했다. 이것은 TV를 풍자한 구문으로, 당시 무명의 인간을 유명하게 만들어주는 주체는 TV였지만 앞으로의 세계는 다르다.

가진 자들이 독점하던 콘텐츠와 크리에이티브가 해방된 지금, 어텐션을 사로잡는 비주얼 표현을 사용하면 어제까지 무명이었던 사람이나 기업, 서비스도 '15초 동안'은 유명해지는 기회를 자력으로 만들어낼 수 있다.

모든 이가 크리에이터가 되는 사회는 자신의 노력만으로 돈 한 푼 들이지 않고 '유명

해지는 장치'를 만들 수 있는 사회다. 어텐션 이코노미를 극복하는 이 장치는 여러분이 무엇을 바라든(좋은 취직처이든, 자신이 담당하는 일을 키우고 싶든, 크리에이터로서 살아가고 싶든) 어떤 길에서도 여러분을 유리하게 만들어주는 최강의 무기가 될 것이다.

Chapter
2

 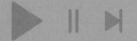

숏폼이 SNS
커뮤니케이션에
불러온 3대 변혁

대 크리에이터 시대로 접어들었다

현재 전 세계적으로 동영상 크리에이터는 몇 명 정도 될까? 1만 명? 10만 명? 100만 명?

그 답은 3억 명이다. 그중 대략 절반은 놀랍게도 코로나 사태 이후에 증가한 숫자다. 세상은 그야말로 '대★ 크리에이터 시대'에 돌입했다.

1장의 법칙 3에서도 다룬 어도비의 〈Future of Creativity〉에서는 크리에이터를 완전히 새로운 가치관으로 정의했다. 어도비가 제시하는 크리에이터 기준은 **1개월에 1회 이상, 스스로 존재감을 높이기 위해 SNS에 작품을 올리는 사람**이다. 이것은 반쯤은 고정화된 크리에이터라는 단어의 개념을 쇄신하는 역사적인 전환점이다.

지금까지 크리에이터라는 말을 들었을 때 떠올렸던 존재는 어떤 사람인가?

영화감독, CF 감독, 패션 디자이너, 작가, 시각효과 아티스트, 뮤지션, 방송 작가, TV 프로듀서 등을 떠올리지 않았는가? 하지만 그것은 그저 '편견'이며 기존의 기득권층 크리에이터 때문에 생긴 '선입견'이다.

예를 들어 과거 DJ는 크리에이터라고 생각하지 않았다. '타인의 곡을 트는 것뿐이잖아?', '노래도 부르지 않고, 악기도 연주하지 않잖아'라고 생각하는 사람이 많았다. 그런 풍조를 바꾼 것이 테크놀로지가 불러온 미디어의 변화다. 지금은 음악 업계에서 가장 돈을 버는 크리에이터는 틀림없이 DJ다.

예를 들어 체인스모커스the Chainsmokers가 한 스테이지에서 받는 보수는 50만 달러라고 한다. 주말마다 파티의 분위기를 달구는 일을 단 한 달만 하면 평범한 사람이 평생을 걸쳐 모으는 금액이 통장에 쌓인다. 믿기 어려울 수도 있다.

DJ 캘빈 해리스Calvin Harris는 총자산 3천억 원 이상, 전 여자친구는 테일러 스위프트Taylor Swift, 포브스Forbes가 발표하는 '세상에서 가장 수입이 많은 DJ 순위'의 정점에 6년이나 군림한 그야말로 슈퍼스타다. 과거에는 낮에 지역 마트에서 일하면서 꾸준히 마이스페이스Myspace에 노래를 올리는 청년이었다는 사실은 유명한 이야기다. 인터뷰에서 언젠가 세상이 자신의 음악에 관심을 가지게 될 날을 꿈꾸며, 밤마다 음악 업계 관계자에게 메시지를 보내던 날들을 이야기하기도 했다.

일본이 자랑하는 톱 유튜버 Hikakin[1]에게도 이와 비슷한 에피소드가 있다. 마트에서 일하며 히가시주조의 목조 연립주택(사원기숙사) 원룸에 있는 '가장 아름다운 소리가 울리는' 욕실에서 비트박스 동영상을 촬영하여 유튜브에 계속 올렸던 밑바닥 시절의 이야기도 잘 알려져 있다.

---

1 https://www.youtube.com/@HikakinTV

세계적인 DJ인 캘빈 해리스와 일본을 대표하는 유튜버 Hikakin의 성공에서 공통된 것은 무엇일까?

마트에서 아르바이트했다는 과거? 물론 아니다. 바로 마이스페이스나 유튜브라는 새로운 미디어를 활용했다는 사실이다.

WEB 2.0이라고 불리던 움직임, 거기에서 생겨난 플랫폼이 개인을 미디어화하고 세상에 불가역적인 변화를 불러왔다. 그것은 크리에이터의 정의에서도 예외는 아니다. DJ와 유튜버는 과거의 크리에이터 분류에는 존재하지 않았던 직업이었다. 테크놀로지에 의해 새로운 장소가 생겨났고, 그곳에서 활약하는 새로운 크리에이터를 시대가 바라게 된 것이 이 대★ 크리에이터 시대의 본질이다.

틱톡은 동영상 크리에이터가 되는 장벽을 기존의 10분의 1로 끌어내렸다. 현재 틱톡에 올라오는 동영상 수는 한 시간에 500만 개에 이른다. 우리는 지금, 역사상 가장 많은 콘텐츠에 둘러싸인 시대를 살아가고 있다. 이는 틀림없이 새로운 미디어에 대응한 크리에이터들 덕분이다.

넓은 의미를 지니게 된 크리에이터와 관련하여 여기에서 새삼 숏폼에 대해 다루고자 한다.

숏폼을 선보이면, 기존의 미디어를 축으로 활동하던 크리에이터들은 굳은 고정관념을 바탕으로 충고할 것이다. 필자도 선배들에게서 '조명이 이상하다', '컬러 그레이딩color grading이 제대로 되어 있지 않다' 등의 사랑이 담긴 조언을 받았다. 이는 모두 대형 TV로 동영상을 보는 것을 전제로 한 충고다.

콘텐츠를 스마트폰과 SNS로 본다는 사실을 전제로 한다면, 같은 예산과 노동을 들이더라도 다른 부분(주로 이 책에서 다루는 포인트)에 집중하는 편이 훨씬 낫다.

숏폼은 다음의 3가지 변화를 커뮤니케이션에 불러왔다.

1 동영상의 촬영, 편집, 공개의 장벽을 끌어내림
2 이펙트나 음악, 클립 등의 새로운 에코 시스템을 만들어냄
3 단시간에 흥미에서 곧바로 구매로 연결함

기업에서 마케팅 커뮤니케이션 영역을 담당하는 사람이라면 앞으로 이러한 변화에 대응하는 것을 가장 염두에 두어야 한다. 왜냐하면 숏폼이 불러온 변화는 크리에이터를 기업화하고, 크리에이터는 스스로의 사업을 새로운 미디어를 통해 점점 확대하기 때문이다.

기존처럼 수억~수십억을 들여 TV 광고를 준비하고 대리점이나 TV 방송국과 연동해서 시간을 들여 브랜딩이나 프로모션을 실행하는 방식은, 필자가 보기에는 쥐라기 시대의 공룡 같은 모습으로 보인다. 그 파워는 무시무시하지만 'TV 이탈'이라는 운석이 불러올 빙하기는 견딜 수 없다. 극적인 환경 변화에서 살아남기 위한 새로운 방식이 필요하다.

그것을 누구보다 빠르게 실천한 것이 크리에이터다. 그들은 자기 과시욕에 사로잡혀 자신을 노출하는 연예인 병에 걸린 사람이 결코 아니다. 최첨단 비즈니스맨이다. **여러분이 다니는 회사의 진짜 경쟁 상대는 크리에이터다.**

밤하늘을 채우는 별의 수만큼 많은 콘텐츠가 넘치는 상황에 대응하고자 사람들의 시청 습관도 변화했다. 넷플릭스와 유튜브도 빠른 배속으로 재생하는 시대다. 그렇게 빠른 배속으로 보는 세계는 동영상의 길이를 줄이기를 요구한다.

틱톡이 촉발한 숏폼의 니즈에 대응하고자 유튜브와 인스타그램도 이와 비슷한 기능을 출시했다. 그리고 현재는 각각의 플랫폼에서 점유율을 확대해 나가고자 할 때 이런 숏폼을 제대로 활용하지 않으면 활로는 없다.

숏폼이 만드는 은하계는 콘텐츠로 가득 찬 우주 안에서 가장 강렬하게 빛을 발한다. 이 빛을 기둥으로 지탱하는 것은 크리에이터 중에서도 팔로워를 5천 명 이상 가진 사람, 즉 인플루언서로 불리는 자들이다.

《동영상 2.0》에서 제시한 동영상 크리에이터라는 개념은 지금은 세분화되어 널리 퍼져나가고 있다. 유튜브 동영상 에디터, 클리퍼, 틱톡 안무가, 틱톡 이펙트 크리에이터 등 각 분야별로 전문성을 요하는 크리에이터가 필요해질 정도다.

유튜브가 일본에 불러온 고용 인원은 10만 명에 이른다고 한다. 필자 또한 그중의 한 명이며, 많은 새로운 크리에이터가 동영상이라는 빅뱅을 통해 탄생하고 있다.

비주얼 커뮤니케이션은 동영상 덕분에 더 이상 기존의 특권적인 기업과 크리에이터만의 것은 아니다. 숏폼에 의해 완전히 보편화되었다.

이른바 숏폼은 혁명이다. 다만 그 혁명의 팡파르는 젊은 층에게만 들린다. 이번 장에서는 이런 숏폼과 크리에이터가 불러온 세상의 변화에 대해 파고든다. 이 혁명으로 쓰러지는 쪽이 될 것인가, 그렇지 않고 차지하는 쪽이 될 것인가? 그것은 여러분이 크리에이터가 되는지 아닌지에 달려 있다.

괜찮다. 숏폼은 그것을 가능하게 한다. 그도 그럴 것이 세상에는 이미 3억 명이나 되는 동료가 있다.

전 세계를 향한 얼굴 노출이 붐이 되어 촉발된 숏폼의 시대

법칙 22 숏폼은 '세로형×60초'가 기본

우선 숏폼의 정의부터 시작하자.

일반적으로 숏폼이란 1분 이내의 세로형 콘텐츠를 말하며, 이 정의에는 시간과 화각 양쪽이 관여하고 있다. 바꿔 말하면 동영상의 길이가 1분 이내라고 해도 기존의 16:9의 가로형 화각이라면 숏폼이라고 부르지 않는다. 또한 세로로 길더라도 8분~수십 분의 동영상은 숏폼이 아니다.

숏폼은 2012년경부터 다양한 장소에서 단속적으로 그 징조가 나타났다.

예를 들어 숏폼의 시초로 여겨지는 바인Vine이라는 플랫폼(아직 세로형은 아니고 정사각형 화각이었지만 6초의 동영상밖에 올릴 수 없다는 특이한 사양은 많은 서비스에 영향을 끼치게 되었다)은 런칭 후 곧장 1억 명의 사용자를 모았지만, 제대로 비즈니스가 돌아가지 않아 2017년에 종료됐다.

kemio[2]처럼 바인에서 인기 있던 많은 크리에이터가 유튜버로 전향했다.

기이하게도 시기가 비슷한 2016년, 인스타그램이 24시간 만에 사라지는 스토리 기능을 출시한다. 이것은 미국에서 대유행한 스냅챗Snapchat의 특징을 그대로 답습한 클론 기능이었다. 세로로 긴 화각으로 동영상을 만들어낸다기보다는 인스타그래머의 일상을 보여주는 방식으로 정착하게 되었다.

이런 흐름을 단번에 정리하여 세상에 침투한 것이 바이트댄스ByteDance 사가 2017년에 런칭한 틱톡이다. 틱톡은 당초 '동영상 서비스'라는 타이틀을 내세운 것이 아니라, '음악'을 전면에 드러내는 형태로 시작했는데, 주로 음악에 맞춰 춤추는 자신들의 모습을 셀카로 찍어서 친구 사이에 공유했다. '유행하는 음악에 맞춰서 춤을 추고, 모두 함께 즐기는 플랫폼입니다'라는 광고 문구를 이용함으로써 유튜브 같은 다른 동영상 서비스와의 경쟁을 피하면서도 동영상 공유 서비스로서 급성장을 하게 된 것이다.

틱톡은 현재 전 세계 150개국 이상에서 75개의 언어로 서비스를 제공하고 있으며, Data.ai(전 App Annie)에 따르면 글로벌판 틱톡과 중국판 더우인Douyin의 합산 월간 활성 이용자 수monthly active users, MAU는 앞으로 15억 명까지 올라갈 것으로 예측하고 있다.

연이어 탄생하는 틱톡 스타에 위기감을 느낀 유튜브는 이에 대항하고자 2021년 7월에 유튜브 쇼츠를 출시했다.

세상은 그야말로 숏폼 전성시대에 돌입한 것이다.

---

2 https://www.youtube.com/@mmkemio

숏폼 때문에 낮아진 크리에이티브의 진입장벽

숏폼의 유행으로 크리에이티브의 진입장벽은 메이저리그에서 들판 야구 레벨까지 떨어졌고, 누구나 손쉽게 체험할 수 있게 되었다.

가장 먼저 이펙트나 음악, 클립 같은 크리에이터 에코 시스템을 만들어낸 것은 틱톡의 위대한 발명이다. 틱톡은 처음에 출시될 때 왜 '음악 앱'인 것처럼 위장했을까? 이것은 바인의 실패에서 깊은 깨달음을 얻은 전략이라고 여겨진다.

상상해보자. '여기에 스마트폰이 있습니다. 이것으로 동영상을 찍어주세요'라는 말을 듣더라도 대부분 바로 동영상을 찍지는 못하지 않을까? 이것이 가능한 사람은 아마 100명 중 1명 정도이며, 이에 따라 한정된 재능의 보유자가 크리에이터가 되었다. 하지만 다양한 음악을 사용하여 '이것에 맞춰서 지금 유행하는 간단한 댄스를 춰주세요'라는 제안을 받으면 이것이 가능한 사람의 수는 단번에 늘어난다.

여기에서는 musical.ly[3]에서 이어지는 숏폼 앱의 새로운 시대가 시작되는 이야기를 필두로, 몇 가지 요인과 역사가 얽혀 있다는 점이 전제로 자세히 살펴보겠다.

젊은 층이 스마트폰으로 즐기던 음악 감상과 셀카라는 양대 요소를 조합함으로써 유튜브와는 다른 새로운 문화를 만들어낸 것이다. 그것이 결과적으로 기존과는 다른 크리에이터의 존재 방식으로 이어졌다는 사실은 그야말로 기적적이다.

그 기적에 의해 동영상은 특별한 재능이나 센스를 가진 사람만이 아니라, 모두가 취급하는 것으로 개념이 확대되었다. 바꿔 말하면 **콘텐츠나 크리에이티브가 보편화됨으로써 틱톡은 폭발적으로 사용자를 넓혔고, 나아가 이펙트라는 획기적인 발명을 하기에 이르렀다.**

여러분도 스티커 사진을 찍은 적이 있을 것이다. 렌즈가 달린 즉석 필름 카메라와 스티커 사진 중에서는 압도적으로 스티커 사진 쪽이 재미있는 사진을 찍기 쉬웠을 것이다. 왜냐하면 스티커 사진은 우리에게 '지시'를 해주기 때문이다. '이런 포즈를 취하세요'와 같이 자세를 추천하는 것을 시작으로 그 포즈를 취했을 때 어떻게 편집하면 자신이 귀여워 보이거나 멋져 보이는지까지 지시해준다.

틱톡의 이펙트는 동영상에서 그것을 원스텝으로 할 수 있게 만들어주는 기

---

3 미국의 Musical.ly, Inc가 개발한 동영상 공유 서비스(동영상 공유 앱). 인기 가수의 음악을 틀고 '입을 뻐끔거리는 동영상'을 15초 촬영하여 공유할 수 있는 소셜 앱으로 인기를 끌었다. 2017년 11월에 틱톡이 매수를 발표했다.

능이다. 사용자가 다음에 무슨 액션을 하면 좋을지 지시하고, 그 행동을 했을 때 자신의 얼굴이 '좋은 느낌'이 되도록 편집해준다.

이것을 과거의 영상 시대로 바꿔보면 적절한 조명과 카메라의 세팅, 그리고 어떤 흐름으로 촬영할지를 제시하는 구성 대본과 촬영 대본이 준비된 상태와 마찬가지다. 그것을 테크놀로지로 해치운 것이 틱톡이다.

이런 틱톡의 전략에 의해 숏폼을 만드는 장벽은 크게 낮아졌다. '무엇을 하면 좋을지'를 스스로 생각하지 않아도 참여할 수 있다는 점, 이것이 틱톡의 위대함이다.

라인LINE이 2021년 11월에 런칭한 숏폼 서비스 라인 붐LINE BOOM과 유튜브 쇼츠는 안타깝게도 그런 점을 틱톡만큼 고려하지 못했다. 따라서 유튜브 쇼츠나 라인 붐은 틱톡 크리에이터의 원정 장소가 되고 말았다. 이미 인기를 끌고 있는 틱톡커가 유튜브 쇼츠나 라인 붐을 이용하기는 하지만, 유튜브 쇼츠나 라인 붐 출신의 새로운 스타는 아직 그만큼 나오지 않은 것이 현재 상태다.

최근까지 인스타그램의 릴스Reels(최장 90초의 숏폼을 공유할 수 있는 기능)나 유튜브 쇼츠에는 틱톡의 로고가 달린 동영상, 즉 틱톡에서 공개된 동영상이 많이 올라와 있다. 바이트댄스로서는 사용자가 다른 플랫폼에서 틱톡을 무료로 광고해주는 것 같은 상황이다. 이것이야말로 프리미엄이라는 이상적인 시나리오라고 할 수 있다.

하지만 바이트댄스는 틱톡의 순정 동영상 편집 앱인 캡컷CapCut에 틱톡의 로고가 들어가지 않도록 하는 기능을 준비했다. 바꿔 말하면 '틱톡 로고가 달려 있으면 다른 플랫폼에 올리기 꺼려진다'라는 크리에이터의 마음을 깨

달고, 로고가 없어도 틱톡 스타일의 세로형 동영상을 만들 수 있도록 배려한 것이다.

유튜브 쇼츠나 인스타그램 릴스 등 숏폼의 유통 장소는 점점 다양화되고 있다. 그 결과로 캡컷이나 틱톡을 사용하여 숏폼을 만드는 크리에이터의 수가 크게 늘고 있다는 사실을 생각하면 바이트댄스는 숏폼 크리에이터와 깊은 신뢰 관계를 만드는 것을 우선시한다고 여겨진다.

숏폼 붐이 일어난 또 하나의 요인으로는 스마트폰의 정착으로 인해 셀카에 대한 거부감이 줄었다는 것을 들 수 있다. 인터넷 초기 시대에는 자신의 본명이나 얼굴을 인터넷에 노출하는 것을 부끄러워하는 사람이 많았다. 그 세대 사람이 보면 지금의 '자신의 얼굴을 가감 없이 노출하는 숏폼의 세계'는 매우 어색하게 느껴질지도 모른다.

다만 이것은 아마도 세대의 문제다. 유튜브까지는 이른바 밀레니얼 세대(1981~1996년경에 태어난 세대)가 플랫폼의 중심에 있었지만, 틱톡을 즐기는 것은 주로 Z세대다. 스마트폰 네이티브이자 소셜 네이티브, 즉 SNS가 있다는 전제하에서 자란 사람들이다. 어렸을 때부터 당당히 얼굴을 노출하고 활약하는 유튜브 크리에이터를 보며 자란 세대이기에 얼굴 노출에 대한 전제가 이미 다르게 형성되어 있다.

필자도 밀레니얼 세대에 속하지만 이 세대는 TV와 인터넷이 반 정도인 세계에서 자란 탓인지 얼굴 노출을 허용할 수 있는 사람과 없는 사람이 뒤섞여 있다.

하지만 Z세대가 보면 숏폼에 나오는 이펙트를 건 자신의 모습은 본인이지만 자신이 아닌 아바타 같은 존재로 여긴다. 즉 필터나 이펙트로 리얼하게 자신을 아바타화함으로써 '전 세계를 향한 얼굴 노출'을 부끄러워하지 않는 것이다. Z세대인 그들이 디지털 세계에 자기 자신을 업로드하는 것은 이상적으로 생각하는 자신의 모습을 2.5차원적으로 표현하는 것일지도 모른다.

알파 세대의 미래는 크리에이터?

법칙 23 디지털 네이티브 생태 이해가 효과적인 콘텐츠 제작으로 이어진다

지금 숏폼을 견인하는 것은 Z세대이고, 이 흐름을 계승해나가는 것은 그 이후의 알파 세대(2010~2024년경에 태어난 세대)다. 여기에서 이 새로운 세대의 감성에 대해 조금 파고들어 생각해보자.

우선 '정보의 수신'이라는 관점에서 보면 Z세대와 알파 세대는 TV 화면에 유튜브를 틀어놓는 것을 당연하게 여긴다. 거실 TV로 평범한 전파 방송을 켜 두면 '왜 이건 중간부터 시작해?', '왜 처음부터 볼 수 없어?' 같은 말을 하는 것이 알파 세대다.

그들에게는 플로flow 형태의 TV 방송보다도 스톡stock 형태의 동영상 쪽이 더 친밀하며, 반대로 말하면 플로 형태의 콘텐츠를 보는 데 익숙하지 않다. 이러한 정보 수신 방식에 익숙하므로 정보 발신에서도 동영상 네이티

브로서 대응할 수 있다는 점은 알파 세대 특유의 커다란 장점이다.

Z세대 이후에는 무언가 표현할 때 숏폼을 이용하는 것이 기본 소양이다.

알파 세대의 아이를 가진 가정에서는 아이가 무언가를 설명하려고 할 때 갑자기 유튜버처럼 말하기 시작한다는 이야기를 자주 한다. '이 요구르트가 맛있는 것은 놀랍게도 딸기가 들어 있기 때문입니다!' 같은 식이다. **다른 사람이 보고 있다는 것을 전제로, 마치 자신을 찍고 있는 카메라가 그곳에 있는 것처럼 표현한다. 자신의 행동이 비주얼 콘텐츠가 되었을 때, 어떻게 보일 것인지를 역산해서 행동하는 것**이다.

기존에는 TV에 나오는 사람이 아니면 그런 인식을 가질 수 없었다. 하지만 지금 많은 가정에서는 사진뿐만 아니라 아이들의 동영상을 열심히 찍는다. 그런 생활 속에서 유튜버나 틱톡커가 된 자신을 상상하거나 흉내를 내는 자신을 동영상으로 확인하며 반복해서 PDCA를 돌림으로써 갈고 닦은 능력인 것이다.

숏폼을 반복해서 보는 행위, 그것은 그들에게는 발신자가 되기 위한 트레이닝을 하는 상태에 가까울지도 모른다.

짧은 것은 콘텐츠에서 절대적인 정의인가?

과거에는 다른 사람에게 무언가를 전달하기 위해서 문장을 써야만 했다. 책을 읽어 인풋하고, 문장으로 아웃풋하는 것을 계속하면 좋은 문장을 쓸 수 있게 된다. 여러분도 학교나 직장에서 그런 말을 듣지 않았는가? 글자를 쓴다는 것, 즉 텍스트 콘텐츠를 만드는 것은 비용을 들이지 않고 할 수 있으므로 문장의 트레이닝은 하려고 마음먹으면 누구든 할 수 있다.

하지만 동영상을 찍기 위해서는 비디오카메라가 필요했으므로 일반적이지 않았다. 그것을 가능하게 한 것이 스마트폰이다. 정보 수신도 스마트폰, 정보 발신도 스마트폰이라는 상황에서 동영상과 관련한 훈련을 쌓고 있는 Z세대와 알파 세대는 우리가 본 적 없는 콘텐츠를 창조할 가능성이 지극히 크다.

과거에 문장을 발표할 기회가 없던 사람이 블로그라는 장을 얻어 블로거가 되고 새로운 작가가 많이 탄생한 것처럼 최근에는 X에서 작가가 탄생하는 움직임이 활성화되었다. 비슷한 일이 앞으로 동영상 크리에이터의 세계에서도 일어날 것이라는 사실은 분명하다.

그런 상황에서 '짧은 것은 과연 정의인가?'라는 질문에 필자 나름대로 답해보고자 한다. 이른바 코스트 퍼포먼스, 타임 퍼포먼스에 더하여 최근에는 멘탈 퍼포먼스나 어텐션 퍼포먼스 등 사람이 하루에 소모할 수 있는 정신력의 총량에 대해 많이 주목하고 있다. 그런 가운데, 사람이 주목한다(어텐션을 향한다)는 것은 콘텐츠 세계에서 어떤 의미를 지닐까?

법칙 24 비즈니스 모델에 따라 콘텐츠의 최적 길이를 조절한다

예를 들어 음악의 세계에서는 지금 히트곡 중 많은 곡이 3분 전후의 길이다.

도입부 없이 갑자기 후렴구가 나오는 경향은 음악의 구독 서비스에서 최초 30초를 듣지 않으면 음악회사에는 수익이 배분되지 않는 구조가 영향을 끼쳤다. 제작자 측에서는 청취자가 이탈하기 전에 어떻게든 30초는 들어주었으면 하고 바란다. 그와 같은 욕망에서 태어나서 하나의 움직임으로 변한 것이 도입부가 한없이 짧거나 도입부 없이 곧장 단번에 메인 선율로 들어가는 구성의 악곡들이다.

후렴구로 시작하거나 기타 솔로를 없애는 등 과거 장대한 도입부나 기타 솔로에 익숙하던 전통적인 로큰롤 전성기의 음악 팬이 들으면 놀랄 법한 악곡의 변화가 벌어지고 있다.

하지만 이는 최근 들어 시작된 것이 아니라 전에도 비슷한 일이 있었다. 레코드 시대에서 CD 시대로 바뀌었을 때, 인트로 부분부터 후렴구가 나오는 곡이 무척 많이 늘어난 것이다. 그 이유를 살펴보면, TV 광고와 제휴하는 노래들이 단골 히트곡이 되었다는 점을 꼽을 수 있다. 예를 들어 히트송 메이커인 뮤지션이자 음악 프로듀서인 고무로 데쓰야의 곡은 당시 거의 후렴구로 시작했다.

CD 시대가 된 이후의 음악을 사는 행위를 고객 여정 지도customer journey map 식으로 풀어보자.

학교에서 돌아오는 길, 당신은 교복을 입은 채 CD 매장으로 달려간다. 비치된 신상 앨범 청음기로 곡의 서두를 들어본다. LP와는 다르게 CD는 곡을 넘기면 반드시 곡의 시작 부분부터 듣게 된다. 편리한 데다가 정말 최고다. 결국 당신은 'TV 광고에서 들은 그 노래다!'라고 찾던 CD를 발견하고 구입한다.

이처럼 **시청하는 미디어나 전체의 비즈니스 모델에 따라 콘텐츠의 형태가 정의된다.** 2020년대의 콘텐츠 양은 과거의 2000년대, 2010년대와 비교할 때 폭발적으로 늘어났다. 그 결과 사용자의 코스트 퍼포먼스, 타임 퍼포먼스 면에서는 물론이고, 콘텐츠를 제작하는 측의 경제 합리성으로 볼 때도 '짧은 것은 정의'라는 흐름에 확실히 도달해 있다고 여겨진다.

지금껏 유튜브의 세계에서는 미드롤, 즉 8분 이상의 동영상 안에 광고를 삽입하는 시스템이 정의처럼 여겨졌다. 하지만 2023년 2월부터 숏폼의 수익화가 시작되고 숏폼에도 광고를 삽입할 수 있게 됨으로써 숏폼의 크리에이터는 점점 더 늘어날 것이 분명하다.

Z세대 이후는 정보를 접하는 양이 매우 많아서 넷플릭스 같은 콘텐츠조차도 빠른 배속으로 시청하는 습관이 있으며, 정보 처리 능력 자체가 매우 뛰어나다. 우리가 1970~1980년대의 영화를 보면 템포가 느리다고 느끼는 것처럼 '빠르기'의 기준 자체가 달라졌다.

짧다는 것뿐만이 아니라 정보의 압축이라는 요소도 포함하여 필자가 《동영상 2.0》에서 제창한 IPT가 가속화되고 있다고도 말할 수 있다. 비즈니스 모델이 달라지면 받아들이는 이는 물론이고 만드는 이도 그 흐름에는 저항할 수 없다.

기타 솔로가 시작되면 스킵하는 젊은이를 나태하다고 단죄할 수 있는 것은 야마시타 다쓰로山下 達郎처럼 자신의 음악을 결코 구독용으로 제공하지 않기로 정한 거장뿐이다. 결론을 말하자면 짧은 것은 정의다. '가지지 못한 자'로서는 그 흐름을 이용하는 것이 기회로 이어질 것이다.

숏폼 전성기를 개척한 3가지 미디어

바로 유튜브, 인스타그램, 틱톡이다. 이번 장의 마무리로 숏폼의 시대를 확립한 이들 미디어의 특성을 다시 한번 정리해보고자 한다.

유튜브, 인스타그램, 틱톡에 의한 미디어 혁명

	유튜브	인스타그램	틱톡
콘셉트	개인의 미디어화	개인과 넌버벌 콘텐츠의 접속	모든 개인의 크리에이터화
챌린지	비주얼 전제의 정보 제공	해시태그로 사람들의 관심을 연결	추천 엔진이라는 발명
성과	화면이 비추는 것의 장점을 부각	검색엔진에 대한 반격	어텐션을 얻는 평등한 기회를 제공

법칙 25 유튜브가 이룩한 개인의 미디어화

2005년에 탄생한 유튜브가 개척한 것은 유튜버 개인에 의한 발신의 콘텐츠화였다. 기존에는 인터넷상의 플랫폼인 블로그나 X가 개인이 발하는 발신의 무대가 되고 있었지만, 기본적으로 주체는 텍스트였다. 거기에 비주얼이라는 새로운 요소를 들여온 것이 유튜브였다.

결국 인간에게는 '인간의 얼굴에 관심을 가지는' 습성이 있다. 유튜브에는 다양한 섬네일 스타일이 있지만, 얼굴이 나오는 것과 나오지 않는 것 사이에는 표시 횟수당 클릭 수의 비율click through rate, CTR이 완전히 다르다. 얼굴이 드러난 섬네일 쪽이 압도적으로 높다. 즉 클릭할지 말지는 얼굴의 존재 여부에 따라 크게 달라진다는 말이다.

시청자는 콘텐츠에서 말하는 내용 이전에 그 사람의 얼굴, 즉 그 사람 자체에 관심이 있다. 그 본질을 밝혀낸 것은 유튜브의 위대한 발견이었다. 그렇게 유튜브는 개인의 미디어화를 이룩하여 지금의 크리에이터 시대의 포문을 열었다.

법칙 26 인스타그램이 고안한 해시태그로 이어지는 비주얼 월드

다음으로 인스타그램에 대해 알아보자. 초기의 인스타그램은 사람보다는 피드의 통일감 및 인스타 감성이라는 말로 대표되는 세계관으로 사람들을 매료했다.

무엇보다 해시태그를 확립한 점은 인스타그램의 커다란 공적이다. 물론 블로그 시대에도 해시태그는 있었지만, 텍스트 주체의 플랫폼에서는 그렇게까지 큰 의미를 지니지 않았다. '텍스트라면 검색하면 되는 것 아닌가?'라고 생각하는 사람이 많았기 때문이다.

하지만 인스타그램처럼 넌버벌(비언어) 요소가 강한 플랫폼, 더욱이 관심의 대상이 사람보다 '토픽에 가까운' 장소에서는 **해시태그야말로 사람과 사람, 나아가 사람들의 관심을 서로 이어나가도록 해준다.** 인스타그램은 그야말로 시대의 흐름에 새로운 파동력을 만들어낸 것이다.

인스타그램 이전의 세계에서는 '스니커즈가 좋아', '인테리어에 관심 있습니다'라고 말하더라도 텍스트로밖에 답이 돌아오지 않았고, 커뮤니케이션이 부족한 듯한 느낌을 주었다. 하지만 인스타그램은 해시태그와 비주얼을 조합함으로써 다양한 사람이 가진 각각의 세계관과 이어질 수 있는 장소를 만들어냈다. 해시태그의 탬플릿으로 자주 나오는 '#○○좋아하는사람소통해요'는 그 상징이라고도 할 수 있다.

인스타그램이 등장하기 이전, 검색엔진은 세계적으로 구글이 계속 강자의 위치에 있었지만 인스타그램은 해시태그를 통해 대항마 격인 존재가 되기 시작했다.

비주얼을 통해 이미지 소스를 찾거나 가게나 옷과 같은 '새로운 것을 발견하는 장소'로서 인스타그램은 특히 뛰어나다. 이에 따라 인스타그래머라는 존재도 탄생했다. 인스타그래머는 하나의 게시물에 해시태그를 대량으로 붙인다. '모두의 관심 축 안에서 발신하는 개인으로서의 나'라는 위치에서 인스타그래머는 인플루언서처럼 변해간다.

이것은 유튜버와는 또 다른 방식이다. 유튜브 세계에서는 사람이 중시되며 그 사람이 하는 재미있는 것을 찾아 시청자가 모인다면, 인스타그램에서는 무엇보다 먼저 세계관이 있고 그곳에 얽힌 나로서 개인이 표현되고 있다.

법칙 27 **틱톡이 발명한 추천 엔진에 의한 만남**

틱톡의 위대한 발명이라고 하면 우선 추천 엔진을 꼽을 수 있다.

틱톡 이전, 유튜브나 인스타그램 크리에이터의 전장에서는 팔로워가 많은 사람이 무척 강했다. 하지만 틱톡에서는 추천 엔진이라고 불리는 기계학습 기술을 통해 사용자가 아무것도 하지 않아도 취향에 맞는 동영상이 연이어 표시된다. 그야말로 틱톡의 캐치프레이즈처럼 '당신이 다음으로 좋아하는 것'과의 만남을 연출해주는 것이다.

그에 따라 틱톡에서는 많은 팔로워를 가진 크리에이터가 아니어도, 오늘 새롭게 틱톡을 시작한 초보자의 동영상조차 많은 사람에게 선보일 기회를 얻게 되었다. 즉 **틱톡은 누구나 어텐션을 얻을 기회를 폭넓게 만들어냈고 그 기회를 평등하게 만들었다**는 점에서 대단하다고 할 수 있다.

이러한 뒷받침이 있었기 때문에 새로운 무언가를 만드는 사람들이 모여들었고, 그들은 틱톡이 준비한 이펙트와 필터, 음악 같은 시스템의 도움을 받으며 단번에 크리에이터로 도약했다. 크리에이터 인구를 비약적으로 늘리는 일에 성공했다는 점이 틱톡이 크게 약진하게 된 비결이라고 할 수 있다.

Chapter

3

숏폼을 활용하여
비주얼로 말하는 것의
3가지 우위성

▶ ❚❚ ▶❙ ━━━━━━━━━━━●━━━━━━━━━━━━━━━━━━━━━━━━━━

스크린으로 가득 찬 시대

법칙 28 말보다 본질적인 단 하나의 비주얼로 표현한다

여러분은 지금 점심을 먹으러 최근 화제인 가게에 들어간 참이다. 좌석에 앉는 것과 동시에 누구든 바쁘게 손가락을 움직인다. 이 가게에서 무엇을 주문하면 좋을까? 그것을 알아보는 곳은 더 이상 음식점 정보 사이트가 아니다. 인스타그램이나 틱톡이다.

하나의 비주얼은 100가지 말보다 그 본질을 더 잘 보여준다. 제아무리 예쁘게 꾸민 미사여구도 누군가의 스마트폰을 통한 현실 앞에서는 무력하다. 이렇게 우리는 팬케이크와 떡볶이를 먹고, 음식점은 인스타 감성에 맞는 메뉴를 계속해서 개발한다.

음식점 정보 사이트뿐만이 아니다. 지금 요리 레시피 사이트도 전환점을 맞이하고 있다.

'소금을 한 꼬집……, 거기에 간장을 조금……' 같은 텍스트가 이어지는 유명 레시피 사이트는 지금 유료 회원 수가 현저히 감소했다.

구글 트렌드에서 '레시피'의 검색 동향을 조사해보면, 코로나 사태로 외출 제한이 극심해진 2020년 5월을 경계로 단번에 검색 건수가 높아졌다는 사실을 알 수 있다. 하지만 그 타이밍에 가장 크게 사업이 성장한 곳은 오래된 텍스트 기반 레시피 사이트가 아니라, 동영상 레시피 사이트 쪽이었다.

텍스트에서 비주얼로 방향 전환

텍스트	▶▶▶	비주얼
구글	검색엔진	유튜브
문장	예술	그림, 사진, 영상
오선지	음악	LP, CD, 음악 스트리밍 서비스
텍스트 레시피	음식	동영상 레시피
음식점 정보 사이트	음식점 찾기	인스타그램, 틱톡

법칙 29 텍스트 우위 편향에서 헤어 나오기 위한 지식과 용기를 가진다

구글의 검색엔진 최적화search engine optimization, SEO 파이프라인에 의존하는 기존의 텍스트 콘텐츠 중심 인터넷 미디어는 비즈니스 모델의 붕괴를 맞이했다. 구글 검색의 1강 시대는 끝났다.

자, 여기에서 질문이 있다.

세계 제2위의 점유율을 가진 검색엔진은 무엇일까?

그것은 다름 아닌 구글이 보유한 유튜브다. **유튜브는 동영상 공유 서비스이자,**

세계 최대의 동영상 검색엔진이다.

이 세상에서 '텍스트가 최적의 표현이다'라고 단언할 수 있는 대상은 우리 생각보다 실은 훨씬 적다. 하지만 과거 녹음을 할 수 없던 시대에 음악가들이 어쩔 수 없이 오선지에 자신의 음악을 적어서 기록한 것처럼, 기호가 포함된 텍스트를 사용해 무언가를 전할 수밖에 없던 시대는 오래도록 이어졌다. 그것도 무려 500년 이상에 이르는 아득할 정도로 긴 시간이다.

눈으로 보는 경치를 그대로 전달할 수 있는 비주얼의 마법은 뤼미에르 형제가 시네마토그래프cinematograph를 만든 1900년대가 될 때까지 이 세상에는 없었다. 더욱이 그 후에도 시네마토그래프를 다룰 수 있던 것은 영화나 TV 업계 같은 일부 특권을 가진 사람들뿐이었다. 이런 전제에 익숙한 우리는 텍스트 우위라는 고정관념에서 좀처럼 헤어 나오지 못한다.

2019년에 필자는 앞에서 말한 유명 레시피 사이트 직원에게 "귀사도 동영상에 대응하는 서비스를 만드는 것이 어때요?"라고 말했다. 그러자 "동영상으로 된 레시피는 얼핏 알기 쉬워 보이지만, 처음으로 요리에 도전하는 사람이 실패하기도 쉽죠! 역시 텍스트가 가장 좋습니다"라고 기분 좋게 단언하는 것에 납득한 적이 있다. 지금 생각하면 한순간이나마 납득한 필자가 부끄럽게 느껴진다.

시장점유율의 확대를 생각한다면 요리를 따라 해서 실패하는지 어떤지는 확률론적으로 이렇다 할 문제가 아니다. 지금까지 요리를 거의 하지 않았던 사람이 레시피 동영상을 계기로 요리에 도전하도록 유도하여 결과적으로 요리 인구를 늘리는 것이 훨씬 중요할 것이다.

텍스트 베이스의 레시피보다 동영상 레시피 쪽이 신규 고객 획득에서 우위라는 점은 누구도 의심할 여지가 없다. 그럼에도 동영상이라는 주제에 관해 누구보다 앞선 포지션에 있던 필자조차 그 업계 사람이 말하는 고정관념 앞에서는 조금 약해지고 만다.

그만큼 텍스트 우위 편향은 강고하다.

법칙30 선입견을 끊어내고 시대의 요구에 맞는 비즈니스 형태를 모색한다

지금 여러분이 하는 업무와 업계의 온갖 장면이 실은 이 텍스트 우위 편향에 지배당하고 있다.

"이거, 동영상으로 만들면 좋지 않을까?"

이런 질문을 100번 던지는 동안 다음 기회는 눈앞에 굴러다니고 있으며, 그것을 잡을지 어떨지는 다름 아닌 여러분에게 달려 있다. 왜냐하면 누구든 텍스트 우위 편향에 의해 동영상의 가능성을 과소평가하기 때문이다. 일본 최대급의 레시피 사이트에 많이 모여 있던 초일류 인재들조차 마찬가지였다.

피트니스 업계도 코로나 사태를 거치며 동영상에 의해 크게 변화한 영역이다. 과거에는 업계 내에서 '온라인 레슨은 절대로 유행할 리 없다'라고 여겨졌다. 애초에 대면으로 강의하는 것이 서비스 제공의 전제가 된다고 생각하던 영역이기에, '온라인에 누가 돈을 써?'라고 의문시하는 것은 어떤 의미에서는 당연할지도 모른다.

하지만 여기에서 중요한 사실을 두 가지 소개한다.

우선 2020년에 새롭게 두각을 나타낸 유튜버나 인플루언서의 대다수는 홈트(홈트레이닝)를 중심으로 한 피트니스 계열 크리에이터였다. 이에 더하여 동영상 강의를 서비스 제공의 축으로 삼은 온라인 요가, 온라인 피트니스 계열의 스타트업이 코로나 사태에 커다란 성장을 이루었다.

이 두 가지 점을 생각하면 온라인 레슨을 정면으로 부정하는 선입견이 잘못된 것이라는 사실은 명백하다. 점포 형태의 스튜디오를 경영하던 유명 트레이너도 지금은 온라인 레슨을 중심으로 한 사업 형태로 전환할 정도다.

'텍스트가 더욱 쉽게 전해진다(지금까지 그랬으니까).'

'역시 대면 강의가 아니면 안 된다(지금까지 그랬으니까).'

이런 텍스트 지상주의나 대면 지상주의는 기존의 누군가의 선입견과 편견에서 만들어진, 잘라버려야 할 낡은 인습이다.

법칙31 유동성, 정보성, 신뢰성이야말로 동영상의 장점

알고 있는가? 미국에서는 동시다발 테러에 의한 비행기의 운항 정지를 계기로 온라인 회의가 활발해졌고, 그 후 정착했다는 사실을 말이다. 이 한 가지 예에 그치지 않고, 동영상은 온갖 분야에서 불가역적인 변화를 불러올 가능성을 내포하고 있다. 지금은 어떤 일이든 신규 사용자와 만날 기회는 SNS에 있다. 그리고 SNS의 주역은 텍스트도 대면도 아닌 동영상이다. 동영상을 활용하여 비주얼로 말하는 것의 우위성을 이해하면 여러분이 하고 싶은 일로 향하는 길을 2배속으로 나아갈 수 있게 해주는 스포츠카를 손에 넣는 것이다.

그런 동영상의 장점은 다음과 같은 3가지 분류로 정리할 수 있다.

1. 유동성

텍스트보다 동영상 쪽이 SNS를 통해 다양한 사용자에게 콘텐츠를 더 잘 전달할 수 있다. 콘텐츠를 전달할 기회가 늘어나면 그 콘텐츠가 화제가 될 확률도 높아진다.

2. 정보성

텍스트보다 동영상 쪽이 문자 정보 이외의 표현(시각이나 청각)을 더 잘 활용할 수 있으며, 시간당 전달할 수 있는 정보량(IPT)이 높다.

3. 신뢰성

텍스트보다 동영상 쪽이 콘텐츠 발신자의 존재감을 더 잘 강조할 수 있다. 결과적으로 발신자에 대한 사용자의 신뢰를 얻기 쉬워진다.

이번 장에서는 이런 동영상이 가진 우위성과 비즈니스에서 활용하기 위한 기본 사고방식을 배운다. 그것은 분명 여러분에게 큰 도움을 줄 것이다. 여태껏 지상에서 이렇게 카메라 렌즈로 누군가의 창작물을 비추는 스크린으로 가득 찬 시대는 없었다.

SNS의 주역은 텍스트에서 동영상으로 바뀌었다

이 장에서는 SNS의 주역이 텍스트에서 동영상으로 바뀌고, 온갖 분야에 불가역적인 변화를 불러오고 있다는 사실을 텍스트 vs. 비주얼(동영상)이라는 관점에서 확인해본다.

비주얼을 활용하는 방식은 현대를 사는 사람들에 한정된 이야기는 아니다. 예를 들어 프로파간다라는 단어를 생각해보자. 이것은 정보전이나 심리전이라는 의미가 그 기본 바탕이지만, 선전전이나 여론전이라는 식으로 정치적인 뉘앙스를 가질 때도 많다. 애초에 선전이나 광고, PR 활동 모두가 프로파간다의 일부이지만, 이 단어는 현재 받아들여지는 인상이 좋지 않으므로 일상에서는 그다지 사용되지 않는다. 왜냐하면 프로파간다를 구사하여 국위선양을 하고 자신들의 지지율을 높인 정치 단체가 존재하기 때문이다. 국가사회주의 독일 노동자당, 즉 나치다.

독일에 레니 리펜슈탈Leni Riefenstahl(1902~2003년)이라는 천재적인 영화감독이 있었다. 그녀의 작품에 감동한 히틀러는 그녀에게 전당대회의 기록 영화를 의뢰한다. 그렇게 몇 편의 영상이 만들어졌는데, 그중 1935년에 만들어진 〈의지의 승리〉는 후세에 엄청난 영향을 끼쳤다.

애초에 히틀러의 연설을 담은 기록 영화임에도 연설의 핵심은 대담하게도 대폭으로 잘라냈다. 이야기의 핵심이 전해지는지가 아니라, 화면상 멋지다고 여겨지는 부분을 클립 동영상 방식으로 연결한 것이다.

촬영도 당시로서는 무척이나 신선하게 레일을 사용한 이동 카메라를 구사하여 기록 영화임에도 예술적인 아름다움이 있다. 줌 촬영 기술도 대단하다. 이후 북한의 홍보 영상에서 자주 나오는 군대의 행진이나 매스게임 같은 장면도 다수 등장한다.

롤링 스톤스의 보컬 믹 재거가 라이브 전에 스스로의 마음을 고양시키고자 〈의지의 승리〉를 몇 번이고 감상했다는 소문까지 돌 정도로 〈의지의 승리〉는 비주얼 파워로 넘치는 작품이다.

히틀러는 비주얼로 말하는 것의 우위성을 이해하고 있었다. 그러므로 비록 자신이 하는 연설의 핵심을 쉽게 알 수 없게 촬영하긴 했지만 말도 안 될 정도로 멋진 영화에 막대한 예산을 지불했고, 그것을 스스로의 목적을 위해 활용했다.

히틀러가 직접 집필해 1925년 출간한 텍스트 콘텐츠 《나의 투쟁》과 직접 주연을 맡은 비주얼 콘텐츠 〈의지의 승리〉 중 어느 쪽이 나치의 지지자를 늘리는 일에 기여했을까? 데이터는 존재하지 않지만 필자는 〈의지의 승리〉 쪽이 공헌도가 더 높았을 것이라고 생각한다.

하지만 당시 비주얼 콘텐츠를 만드는 것에는 무척이나 큰 비용이 필요했다. 참고로 〈의지의 승리〉에서는 오로지 촬영을 위해 전당 대회에서는 전혀 이용하지 않는 엘리베이터까지 만들었다. 원하는 그림을 찍기 위해서 엘리베이터를 만들 정도로 돈을 사용한다는 것은 상상하기도 어려울 정도의 감각이다.

돈을 들이면 훌륭한 것을 만들 수 있다고 말하고 싶은 것이 아니다. 기존에는 돈을 들여야 했던 비주얼 콘텐츠 제작이었지만, 테크놀로지의 진화와 창의적인 연구를 통해 비용이 한없이 제로에 가까워짐으로써 개인도 비주얼로 사람을 매료할 파워를 활용할 수 있게 되었다. 이를 통해 다양한 분야에서 과거에는 없던 변화가 일어나고 있다. 이 책에서 전하고 싶은 중요한 포인트는 바로 이것이다.

여기에서 최근 '텍스트에서 동영상으로'라는 시대의 변화를 강하게 느낀 에피소드를 소개하고자 한다.

법칙 32 언어화할 수 없는 영혼의 외침까지 비주얼화한다

많은 사람이 열광한 '2022 FIFA 카타르 월드컵' 일본 대 독일전이 목전에 임박한 어느 밤의 일이다.

《동영상 2.0》의 편집자이자 필자의 친구이기도 한 미노와 고스케箕輪 厚介는 한 경영자의 개인 비행기에 동승하여 카타르로 날아갈 예정이었다. 하지만 시스템 다운 등의 영향으로 입국에 필요한 전자비자 신청 기한에 맞출 수 없게 되어 미노와는 혼자 비행기를 타지 못했다.

미노와는 그대로 개인 비행기용 이착륙장에서 '카타르에 가지 못하게 되었습니다'라는 7분 정도의 동영상을 업로드했다. 시간은 새벽 2시경. 회식을 마치고 집에 온 필자가 별 생각 없이 스마트폰을 열자, 조금 전에 올라온 그의 동영상 알림이 와 있었다.

"사실은 카타르에 가려고 했지만 가지 못했어. 어떻게 해도 일본 대 독일전에 맞출 수 없어"라는 사실을 떠듬떠듬 말하는 그의 영혼의 외침 같은 동영상이었지만, 이것이 정말로 재미있었다. 이런 충격적인 사건, 이른바 이야깃거리가 되는 사건이 일어났을 때, 이전의 미노와였다면 그 전체적인 사정을 텍스트로 올렸을 것이다.

미노와의 저서 《미치지 않고서야》(21세기북스, 2019)에서는 그가 인도에서 강도를 만날 뻔한 에피소드가 등장한다. 이때도 그는 '이 경험을 하루라도 빨리 콘텐츠로 만들고 싶다'라고 하면서 인도의 PC방에서 블로그에 글을 올렸다.

그로부터 20년이 지난 지금, 그는 이야깃거리가 될 만한 경험을 유튜브 동영상으로 업로드한다. 컴퓨터를 통해서가 아니라 개인 스마트폰으로 그 순간의 마음을 모두와 공유했고, 심야임에도 불구하고 몇백 번이나 재생되었다. 필자는 이때, '텍스트에서 동영상으로'의 시대 변화를 생생히 느꼈다.

이번 월드컵에서 **무언가 큰 사건이 벌어졌을 때, 사람들이 대형 미디어가 아니라 개인의 X 등을 확인하는 스타일**로 변하고 있다는 사실을 깨달았다. 필자 또한 일본이 스페인을 이겼을 때, 처음에 본 것은 역시 미노와의 X였다. 대형 뉴스 미디어나 축구 미디어가 아니라, 자신이 잘 아는 축구광이 이 승리를 어떻게 받아들였는지 알고 싶었기 때문이었다.

그가 X에 올린 것은 시합에 이겨 환호하는 순간의 동영상이었다. 카타르에 가지 못하게 된 분함이나 스페인에 이긴 기쁨은 물론이고 언어화할 수 없는 영혼의 외침까지도 동영상이라면 전달할 수 있다. 이것이야말로 텍스트 콘텐츠에 대한 비주얼 콘텐츠의 우위성이라고 할 수 있지 않을까?

SNS를 활용할 때 알아야 할, 동영상에 숨겨진 3가지 파워

왜 이렇게 SNS상의 커뮤니케이션이 텍스트에서 동영상으로 옮겨가고 있을까? 여기에서는 유동성, 정보성, 신뢰성이라는 3가지 포인트를 통해 동영상으로 말하는 것의 우위성을 자세히 분석해본다.

법칙 33 유동성: 디바이스와 기호가 세분화된 지금, 정보 전달 방식이 핵심

텍스트보다 동영상 쪽이 SNS를 통해 다양한 사용자에게 콘텐츠를 더 잘 전달할 수 있다. 콘텐츠를 전달할 기회가 늘어나면 그 콘텐츠가 화제가 될 확률도 높아진다.

영상에서 동영상으로 콘텐츠가 변화한 과정을 생각하며 필자가 자주 떠올리던 이미지가 있다. 아직 TV가 보급되지 않았던 1950년대, 길거리의 TV 앞에 모여서 가라테 촙 기술을 구사하는 프로레슬러인 역도산力道山의 모습을 TV 속으로 빠져들어가듯 바라보던 사람들의 모습이다.

이윽고 모든 집에 각각의 TV가 놓이고 TV 방송을 각 집의 거실에서 시청하게 되자, 길거리의 TV는 모습을 감췄다. TV는 거실과 개인의 방 양쪽에 놓이게 되었고, 이윽고 컴퓨터와 스마트폰의 침투로 한 사람당 하나씩의 스크린을 가지게 되었다.

이렇게 되자 모두가 같은 시간에 같은 콘텐츠를 보는 것은 어느 정도 규모 이상의 빅이벤트가 열릴 때뿐이다. 개인이 모두 각각의 타이밍에 서로 다른 플랫폼에서 콘텐츠를 즐기는 시대에 커다란 볼륨의 영상을 많은 이에게 전달하는 것은 제작자에게 매우 곤란한 일이다.

올드 미디어와 동영상의 비교

올드 미디어

동영상/SNS

1가정당 1대	1인당 1대
• TV, 라디오 등 • 같은 시간에 같은 플랫폼으로 같은 콘텐츠를 시청 • 코스 요리처럼 한자리에 앉아 일련의 흐름 속에서 맛본다.	• 스마트폰, 태블릿 등 • 서로 다른 시간에 서로 다른 플랫폼으로 서로 다른 콘텐츠를 시청 • 햄버거처럼 걸으면서 한 손에 든 채로 먹을 수 있다.

하지만 SNS를 통해 확산되는, 유동성에 뛰어난 동영상이라는 패키지라면 그것도 불가능하지 않다.

동영상이란 요리로 비유하면 햄버거 같은 것이다. 한 손으로 들고 언제든 간단히 먹을 수 있는 데다가 맛도 좋다. 이에 비해 서적이나 TV 방송은 가능하면 한자리에 앉아 즐기고 싶은 콘텐츠다. 이쪽은 요리로 비유하자면 호화로운 코스 요리다.

TV 방송 중에도 가볍게 볼 수 있는 것이 있다는 반론도 있을지 모른다. 하지만 그것은 모밀국수 같은 것이 아닐까? 가볍게 먹을 수는 있지만, 걸으면서 한 손에 들고 먹을 수는 없다.

이렇게 맛있는 것을 휴대할 수 있게 됨으로써 사람들은 어디에 있든 어떤 타이밍이든 다양한 콘텐츠를 맛볼 수 있게 되었다. 숏폼을 보기 위한 플랫폼도 틱톡, 인스타그램, 유튜브, 블로그나 웹사이트 안에 삽입된 동영상 플레이어 등 매우 다양하다.

이것이 동영상이 아니고 책이라면, 가령 디지털이어도 킨들Kindle 같은 단말기나 앱을 열어야만 한다(또한 킨들에서 인용하여 X에 붙여 넣는 과정도 매우 번거롭다). 그에 비해 동영상이라면 URL을 복사하거나 동영상의 데이터를 업로드하는 것만으로 어디로든 옮겨갈 수 있다. 즉 콘텐츠를 전달하고 싶은 사람이라면 텍스트보다 동영상을 선택하는 편이 훨씬 효과적이다.

법칙 34 정보성: 응축된 정보량과 그것을 오감으로 호소하는 것의 장점

텍스트보다 동영상 쪽이 문자 정보 이외의 표현(시각이나 청각)을 더 잘 활용할 수 있으며, 시간당 전달할 수 있는 정보량(IPT)이 높다.

애초에 '이런 이야기를 동영상으로 전하지 않고 책으로 펴내는 것은 자기모순 아닌가?'라고 생각하는 사람도 있을 것이다. 필자도 체계적인 지식과 정보를 전달할 때 책이 가진 힘을 인정한다. 하지만 콘텐츠를 하나하나 분해해서 전달하는 경우에는 역시 동영상이 가진 정보성, IPT에는 당해낼 수 없다.

동영상은 문자 정보 외의 정보를 시각과 청각 같은 다양한 수단으로 전달할 수 있다. '저기에 검은 옷을 입은 남자가 서 있다. 그 남자가 무서운 표정으로 천천히 이쪽을 향해 걸어온다'라는 묘사도 비주얼이라면 단번에 표현할 수 있다.

원래 '텍스트로 전달하기 어려운 것'이 세상에는 무척 많다. 바로 비언어 정보다. 예를 들어 음악은 오선지만으로는 들을 수 없다. 만약 모차르트가 현대에 태어났다면, 음악을 음악 그 자체로 동영상으로 촬영해서 남기지 않았을까? 즉 음악을 음악 그 자체로 남길 수 없어서 오선지가 발명되었다. 또한 앞에서 이야기한 것처럼 요리하는 과정을 그대로 남길 수 없기에 레시피가 개발된 것이다.

세상에는 원래의 형태 그대로 남길 수 없는 비언어 정보가 많아서 온갖 것을 텍스트로 남기려는 도전이 행해졌다. 하지만 지금은 동영상으로 만들면 시각이나 청각에 관여하는 비언어 정보를 그대로 남길 수 있다. 그 IPT가 방대하므로 앞으로 많은 텍스트가 동영상으로 전환될 것이며 그 흐름은 멈출 수 없다.

법칙 35 신뢰성: 콘텐츠 공급자의 존재를 명확히 한다

텍스트보다 동영상 쪽이 콘텐츠 공급자의 존재감을 더 잘 강조할 수 있다. 결과적으로 공급자에 대한 사용자의 신뢰를 얻기 쉬워진다.

동영상과 텍스트를 비교할 때 텍스트에는 또 하나의 약점이 있다. 그것은 '무엇을 누가 썼는지'를 증명하기 어렵다는 점이다.

최근 수년간 구글의 SEO를 악용한 가짜뉴스나 마지막까지 읽어도 결론이

나오지 않는 'ㅇㅇ에 대해 조사해봤다'는 식의 블로그 기사가 눈에 많이 띈다. 이것이 연예인에 관한 가십뿐만 아니라 의료 정보에까지 확대되어 생겨난 일이 'WELQ 문제'[1]다.

의료 정보 사이트 WELQ에는 '어깨 뭉침의 원인은 뭘까? 그건 유령 때문일지도 모른다'라는 내용의 전설적인 기사가 있었는데, 그것도 기사 작성자가 익명이기에 가능했던 일이다. 콘텐츠 공급자 개인의 존재가 눈에 보이는 시스템이라면, 인터넷상에서 조리돌림의 대상이 될 가능성이 있기 때문에 그렇게 무책임한 콘텐츠는 쉽게 만들 수 없다.

텍스트를 둘러싼 상황은 AI의 등장으로 더욱 복잡해지고 있다. 이미 고성능 AI인 ChatGPT를 사용해 대학에 리포트를 제출하는 학생도 나타났고, 수신자 측도 AI가 쓴 것인지 아닌지 구별할 방법이 없다고 말한다. 다만 현 단계에서 ChatGPT는 완전히 틀린 정보를 아무렇지도 않게 올바른 것처럼 발언한다. 그러므로 그럴싸하게 리포트를 썼다고 해도 결국 내용이 잘못되었다면 좋은 평가를 받지 못한다는 점이 유일한 구원이다.

ChatGPT로 SEO 기사 제작을 자동화하는 도구를 판매하는 사업자도 나오고 있다. SEO에 효과를 발휘하는 형식은 정해져 있으므로 이것도 쉽게 AI로 대행할 수 있을 것이다. 과거에는 크라우드 소싱으로 많은 아르바이트생이 작성하던 인터넷의 쓰레기 같은 기사를 앞으로는 인간이 아니라 AI가 담당하게 된다는 사실은 무척이나 아이러니한 이야기가 아닐 수 없다. 지금 동영상, 그중에서도 **개인이 공급하는 동영상의 정보를 참고로 삼는 사람이 늘**

---

1 2017년에 의료 정보 사이트 WELQ가 의료계의 헛소문을 포함한 부정확한 기사를 양산한 것이 문제가 되어 사이트를 폐쇄했다. 비슷한 SEO 수법을 이용한 인터넷 미디어의 존재 방식에 대한 의문도 제기되었고, 이에 따라 건강·의료 분야의 정보에 관한 구글 검색 알고리즘이 대폭으로 업데이트되었다.

어나고 있다는 사실은 자기 얼굴을 내걸고 공개한다는 것 자체가 익명의 콘텐츠에 대한 일종의 안티테제가 되기 때문이다.

정기적으로 그 사람의 콘텐츠를 보면서 느끼게 된 친근감은 'ㅇㅇ 씨가 말한 거니까'라는 식의 신뢰나 신용으로 이어진다. 정보 공급자의 얼굴이 보임으로써 신뢰와 신용이 축적된다. 유튜브나 틱톡의 크리에이터가 팬 커뮤니티를 만들기 쉬운 이유도 거기에 있다.

영상에서 동영상, 그리고 숏폼으로

1895년, 프랑스의 뤼미에르 형제는 하나의 장비로 촬영, 영사, 현상을 할 수 있는 시네마토그래프라는 장치를 발명했다. 같은 해, 공장에서 나오는 노동자의 모습을 찍은 영상 작품 〈리옹의 뤼미에르 공장을 나서는 노동자들〉을 만들었다. 세계 최초라고 칭하는 이 작품은 현 시대의 우리에게는 지루한 기록 영화로밖에 보이지 않는다.

하지만 이때부터 영상 문법의 이노베이션이 시작된다. 영화나 TV가 하나의 산업이 되었고, 영화의 스크린과 TV 화면 모두 점점 대형화되었다.

하지만 2007년에 아이폰이 탄생함으로써 대형화의 방향으로 발전해온 영상의 스크린과 콘텐츠 제작법에 변화가 생겼다. 영상의 진화가 화면이 작아지는 방향으로 반전한 것이다.

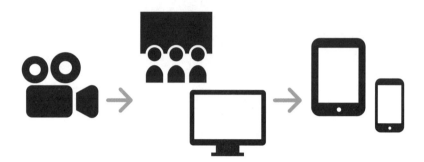

영상 문법의 이노베이션

영사
• 시네마토그래프의 발명

영화/영상/TV
• 영화와 TV, 하나의 산업으로
• 화면 사이즈의 대형화
• 다른 누군가와 함께
• 단숨에 콘텐츠를 접할 수 있다.
• 고단가 경향
• 콘텐츠 수는 한정되어 있다.

태블릿/스마트폰
• 아이폰의 등장
• 화면 사이즈의 소형화, 포터블화
• 자기 혼자서
• 틈새 시간에 콘텐츠를 접할 수 있다.
• 비용은 저렴하게
• 무한대로 늘어나는 콘텐츠 수

법칙36 최적의 콘텐츠 힌트는 사용자의 시청 스타일에 있다

혁신의 본질은 화면이 작아짐으로써 생겨난 '사람과 영상의 관계 변화'에 있었다. 스마트폰은 그저 화면을 작게 한 것뿐만이 아니라, 인간이 영상 콘텐츠를 접하는 시간의 세그먼트를 세세하게 나눴다. 음식점에서 요리가 나올 때까지의 틈새 시간이나 전철을 갈아타는 불과 1분 사이에도 콘텐츠를 접할 수 있게 된 것이 스마트폰이 불러온 가장 큰 임팩트였다.

이른바 무어의 법칙Moore's law[2]에 따라, 콘텐츠를 재생하는 장치가 작고 저

---

2   미국의 반도체 메이커인 인텔의 창업자 중 한 명인 고든 무어(Gordon Moore)가 제창한 "반도체의 집적 밀도는 18개월에서 24개월마다 두 배로 증가한다"라는 경험칙이다.

렴해짐과 동시에 콘텐츠는 영상에서 동영상, 그리고 숏폼으로, 세세한 세그먼트로 나뉘기 시작했다. 이 흐름은 현재 사회의 변화와도 통한다.

지금 세상에서는 기본적으로 온갖 것이 세분화되고 있다. 과거에는 경영자원인 인적 자원, 물적 자원, 자본이 충실한 기업밖에 제공하지 못했던 서비스도, 그 시스템과 내용이 점점 세분화됨으로써 스타트업이어도 진입할 수 있게 되었다.

예를 들어 우버 이츠Uber Eats 같은 딜리버리 서비스는, 배달원이라는 일이 스마트폰이라는 디바이스를 통해 세세히 분해되어 긱 노동자gig worker(단발성 업무를 받아서 일하는 사람)가 됨으로써 성립한 것이다. 개인과 개인, 혹은 개인과 기업이 물건이나 스킬, 그리고 서비스를 공유하는 공유 이코노미의 확대를 통해 이 흐름은 더욱 가속화될 것이다. **커다란 단위가 점차 세세한 단위가 되고, 세세한 단위가 되었기에 개인화된다. 즉 개인의 취미, 기호에 맞는 것으로 세분화되는 것이다.**

이것은 콘텐츠에서도 마찬가지로, 각자가 하나 이상의 스크린을 가지고 모두가 자신의 타이밍에 좋아하는 콘텐츠를 즐길 수 있게 되었기에 SNS에 많은 크리에이터가 나타났고, 더욱 세분화된 숏폼을 찾게 되었다고도 할 수 있다.

자기 혼자서 스크린을 보는 것이라면 콘텐츠의 속도도 개인에 따라 최적화할 수 있다. 하지만 만약 조부모가 있는 식탁에서 콘텐츠를 빠른 배속으로 보려고 한다면, 너무 빨라서 따라갈 수 없다거나 조금 천천히 재생해달라는 불평이 나올 것이다. 결국 TV의 편집 속도는 거실에 최적화되어 있는 셈이다.

유튜브 동영상의 전개는 왜 빠른 것일까? 시간의 경과를 뛰어넘어 연결하는 점프 컷 수법이 왜 태어났을까? 그것은 젊은 시청자의 정보 처리 속도가 빠르기 때문에 이에 맞춰서 최적화했기 때문이다. 앞으로 개인의 스마트폰으로 온갖 콘텐츠의 재생 속도를 자유롭게 조절할 수 있게 된다면 시간의 주도권은 완전히 미디어에서 개인으로 옮겨가게 된다.

그리고 제아무리 제작자가 플랫폼에 최적화된 콘텐츠를 만들더라도 시청자들이 당연한 것처럼 2배속, 3배속 혹은 0.5배속으로 설정을 바꿔서 시청하게 될 것이다. 이런 배경에서 대체로 콘텐츠의 시간축은 가속에 적응하는 방향으로 진화해가지 않을까?

IPT에 필적하는 새로운 콘텐츠 지표, 퍼스널 어텐션

법칙 37 **같은 목적의식을 가진 밀도가 높은 커뮤니티를 형성한다**

스크린이 세분화되어 각자가 좋아하는 것을 원하는 시간에 볼 수 있게 된 세계에서는 콘텐츠의 높은 IPT는 이미 필수조건이라고 할 수 있다. 이에 더하여 커뮤니티는 물론, 비주얼을 갖춘 콘텐츠로 사람들의 주목을 자신이라는 존재로 모이게 만드는 것이 중요하다. 즉 IPT와 병행하여 새로운 개념인 퍼스널 어텐션personal attention이 대두할 것이다.

퍼스널 어텐션이라는 표현은 유튜브의 ASMRautonomous sensory meridian response 동영상(인간의 청각이나 시각을 자극하는 소리를 녹음한 동영상)의 제목에 자주 등장한다. 뉘앙스 면에서는 '당신만을 위해'라는 뜻으로 사용된다. 단순히 정보의 밀도만 채우는 것이 아니라 명확하게 타깃을 의식하고 밀도가 높은 커뮤니티를 만드는 동영상, 즉 퍼스널 어텐션을 의도한 동영상이야말로 중요하다.

현대에는 단순히 메이크업 동영상을 올리는 것만으로 팬 커뮤니티가 생겨나지는 않는다. '외꺼풀인 사람 대상', '가성비 화장품만' 등 무엇에 초점을 맞추는지를 명확히 드러내는 크리에이터가 틱톡에서는 인기를 끈다.

여러분이 만드는 것에 어떤 퍼스널 어텐션을 부여할 수 있는가? 그리고 그것을 생각하려면 여러분이 애초에 어떤 퍼스널리티(개성)를 가진 사람인지를 이해하고 활용해야 한다.

법칙 38 다른 사람과의 차이가 아닌 어떤 면이 같은지에서 승산을 찾는다

그저 동영상의 완성도를 높이는 게 좋았던 시대는 이제 곧 끝난다. 얼마 지나지 않아 그런 일은 전부 AI가 담당하게 될 것이다.

개인이나 기업, 브랜드가 살아남으려면 자신이 아니면 표현할 수 없는 퍼스널 어텐션을 마주하고, 그것을 콘텐츠로 만들어 표현하는 수밖에 없다. 무리하지 않고 계속할 수 있는 주제는 자신의 퍼스널리티 안에만 존재한다. 그것을 생각하는 힌트는 자신을 주변과 비교할 때 '얼마나 다른지'가 아니다.

자신과 주변의 '어떤 면이 같은지'가 그 힌트가 된다. 쌍꺼풀인 사람은 외꺼풀인 사람의 메이크업 고민을 알지 못한다. 그러므로 외꺼풀인 사람이야말로 그 커뮤니티에서 압도적인 인플루언서, 이 책의 서두에서 표현한 주株가 될 가능성이 있다.

이 퍼스널 어텐션을 활용한 예를 뒤에서 자세히 소개한다.

확산되는 것과 전달되는 것의 본질은 크게 다르다

법칙 39 콘텐츠의 간략화, 쇼트화, 클립화

2022년 11월 20일, 《왼손잡이 에렌(左ききのエレン)》으로 알려진 만화가 갓피かっぴ가 7년 만에 '페이스북 폴리스(Facebook ポリス)'의 신작인 《SNS 폴리스(SNSポリス)》를 X에 올렸다.

원래 광고대행사의 아트 디렉터였던 갓피는 《SNS 폴리스》가 X와 페이스북에서 입소문을 타면서 만화가가 된 사람이다. 하지만 이번 신작에서 그는 SNS의 추천 엔진에 관해 꽤 신랄한 독설을 내뱉었다.

'페이스북 폴리스'가 "우리는 앞으로도…… 인터넷의 추천을 받으며 살아가게 되는 거야?"라고 분노하는 주인공에게 또 다른 캐릭터는 "다들 자신이 좋아하는 것을 찾을 시간이 없어요", "먹기 좋은 사이즈로 잘라내지 않으면 팔리지 않는…… 클립화의 시대"라고 말한다.

《SNS 폴리스》[3]

---

3 출처_《SNS 폴리스》를 일부 번역했다. https://twitter.com/nora_ito

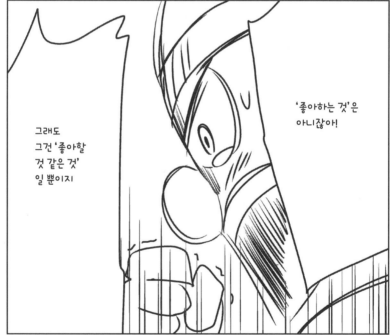

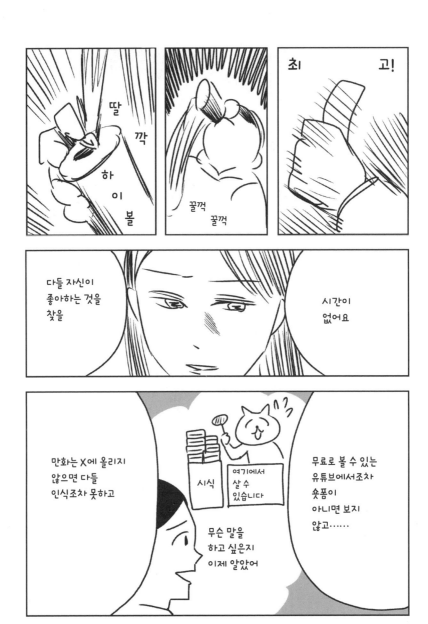

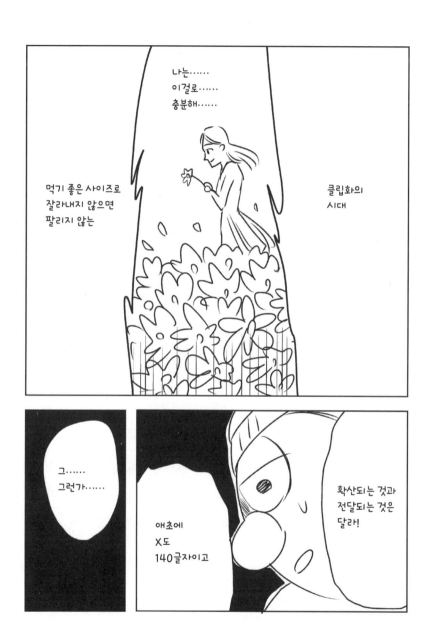

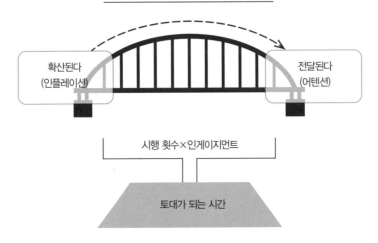

'확산된다'와 '전달된다'를 연결하는 어텐션

확산된다
(인플레이션)

전달된다
(어텐션)

시행 횟수×인게이지먼트

토대가 되는 시간

콘텐츠의 양이 증가하고 선택지가 많이 늘어남으로써 바쁜 현대인은 '진짜로 좋아하는 것'을 찾지 못하게 되었다. 만화 주인공이 "확산되는 것과 전달되는 것은 달라"라고 탄식하듯이 전에는 '확산된다'에 대한 비중이 높았으며 그것이 거의 목표에 가까웠다. 하지만 지금은 우선 '확산된다'라는 1차전에서 승리하지 못하면 '전달된다'라는 2차전으로 나아갈 수 없게 되었다.

이 책의 커다란 주제 중 하나인 **어텐션은 이른바 '확산된다'와 '전달된다'를 연결하는 다리에 해당하는 요소**다. 어느 정도 '확산된다'라는 인플레이션을 얻어낸 후, '이 사람, 괜찮네'라고 생각하게 만들어야 인플레이션에서 어텐션으로 흐르게 된다.

그렇다면 이 어텐션을 많이 얻으려면 어떻게 하면 좋을까?

이것은 단순한 방정식으로 생각하면 된다. 시행 횟수×인게이지먼트가 아니면 어텐션은 늘어나지 않는다. 즉 콘텐츠를 간략화, 쇼트화, 클립화하며 그 시행 횟수를 늘린다. 그리고 그것을 여러 플랫폼에서 전개하며 인게이지먼트를 획득한다. 이런 방법은 어텐션을 얻기 위해 피할 수 없는 기본 중의 기본이라고 할 수 있다.

▶ ‖ ▍ ━━━━━━━●━━━━━━━━━━━━━━━━━━

'그 외 다수'가 되지 않기 위해 숏폼으로 말한다

2020년의 데이터이기는 하지만, 1분간 유튜브에 올라오는 전 세계의 동영상을 전부 합치면 500시간에 달한다고 한다. 하루분의 합은 약 72만 시간에 이른다. 이것을 24시간으로 나누면 80년 이상이라는 계산이 나온다. 즉 겨우 하루 동안 유튜브에 올라오는 동영상을 전부 보는 것만으로도 평생이 끝날 정도로 방대한 양의 콘텐츠가 연일 만들어지고 있다는 말이다.

이것을 올드 미디어인 TV 방송국이 만드는 콘텐츠의 양과 비교해보자. 일본의 경우, 전국에 유통되는 콘텐츠를 제작하는 방송국은 NHK, 니혼TV, TV아사히, TBS, TV도쿄, 후지TV 6개 방송국밖에 없다. 이들이 하루 20시간분의 콘텐츠를 만든다고 가정하면, 6개 방송국을 합쳐서 120시간분밖에 되지 않는다. 유튜브의 80년(약 72만 시간)에 비하면 TV는 120시간으로, 놀라울 정도의 차이다.

지금 우리는 광대한 콘텐츠의 우주 안에 있다. 이 안에서 '그 외 다수'가 아니라 밝게 빛나는 별이 된 크리에이터들은 숏폼의 우위성을 살려 어텐션을 모았다는 공통점이 있다. 여기에서는 3가지 사례를 통해 그 전술을 살펴보고자 한다.

법칙 40 구 예능 vs. 신 예능: 취향을 획득하는 시스템의 신구 비교

신문, TV, 라디오, 잡지와 같은 올드 미디어 시대에는 사람들의 눈에 띄는 것, 즉 노출 기회를 얻기가 매우 어려웠다. 사람들이 하루 동안 접할 수 있는 콘텐츠의 양과 캐스팅보트를 쥔 인간(연예기획사나 TV의 프로듀서 등)의 수 모두 한정되어 있었기 때문이다.

하지만 지금 인플루언서나 SNS 크리에이터는 어텐션을 만들어내는 자신의 힘을 통해 노출을 얻어낼 수 있다. 짧은 길이의 숏폼이라면 업로드 부담도 비교적 낮아서 매일 동영상을 업로드하는 크리에이터도 적지 않다.

노출 효과(단순 노출 효과)exposure effect라고 불리는, 같은 사람이나 물건을 접하는 횟수가 많을수록 그 대상에 좋은 인상을 가지게 된다는 심리 효과가 있다. 올드 미디어에서 자주 얼굴을 보지 못하는 반짝반짝 빛나는 연예인은 동경의 대상이 되지만, 단순히 좋아하게 되고 응원하고 싶은 것은 매일 무언가의 콘텐츠를 올리는 SNS 크리에이터 쪽일 것이다. '매일 얼굴을 마주하는 사람을 좋아하게 된다'라는 인간의 단순한 심리와 SNS의 구조는 상성이 좋다. 그 결과로 종래의 미디어를 통해 노출되는 연예인보다 SNS에서 어텐션을 모으는 인플루언서나 크리에이터 쪽이 더욱 사랑받는 현상이 일어나고 있다.

연예인과 인플루언서의 차이

	연예인	인플루언서
노출 기회	얻기 어렵다.	얻기 쉽다.
등장 빈도	낮다.	높다.
접촉 횟수	적다.	많다.
거리감	멀다.	가깝다.
사용자의 심정	동경한다.	응원하고 싶다.

법칙 41 롱폼에만 대응할 수 있는 유튜버는 도태될 운명에 있다

갓피가 지적했듯이 앞으로 콘텐츠는 먹기 좋은 사이즈로 작게 자르지 않으면 새로운 시청자를 얻기 힘들다. 기존의 롱폼long form 콘텐츠, 즉 길이가 긴 동영상으로 싸우던 유튜브 크리에이터들은 이미 갈림길에 서 있다.

롱폼 동영상만으로 싸우다 보면 신규 팬이 진입하기 어려우므로 팬층이나 시청자층이 고정화되고 고연령화된다. 이른바 TV를 주전장으로 삼은 연예인에게 벌어지는 일이 고인물 유튜버라 불리는 유튜브 초기부터 활동한 크리에이터에게도 일어나고 있다.

이제 와서 숏폼에는 손을 대지도 못한 채 꾸역꾸역 기존의 롱폼 동영상을 업로드하다 보면 이윽고 동영상 업로드 빈도가 늦어지고 만다. 그렇게 되면 오랜 팬도 이탈하는 현상이 일어난다.

그런 반면에, 틱톡의 숏폼에서 솜씨를 갈고 닦은 크리에이터들은 연이어 유튜브 쇼츠에도 진입하고 있다. 2020년의 코로나 사태 이후, 유튜브에서 채널 구독자 수를 늘린 크리에이터 중 많은 수는 틱톡 출신이다.

즉 유튜브라는 플랫폼에서조차 새로운 인플레이션의 기회는 숏폼 쪽으로 옮겨가고 있다. 앞으로 X나 인스타그램도 점점 숏폼에 힘을 쏟게 될 것이다. 숏폼을 활용하지 않으면 노출 기회를 얻기 어려워진다. 이것은 개인뿐만 아니라 기업도 마찬가지다.

아마 유튜브는 이른바 롱폼 동영상에 대해 어느 정도 단념한 상태일 것이다. 숏폼이 유행하기 이전부터 젊은 세대에게는 유튜브나 넷플릭스를 빠른 배속으로 시청하는 움직임이 있었다.

빠른 배속으로 세계를 보는 세대를 대상으로 기존의 콘텐츠 크리에이터들은 '내 동영상을 빠른 배속으로 보는 것은 싫다'라고 말한다. 하지만 역시 이는 시청자의 자유이며, 안타깝게도 크리에이터는 시청자가 동영상을 어떤 방식으로 볼 것인지 강제할 수 없다.

시대에 적응한 크리에이터들은 그야말로 예전의 SF 소설이나 애니메이션 〈기동전사 건담〉에서 이야기했던, 콘텐츠 양이 다른 차원의 기세로 늘어나는 시대에 대응한 뉴타입new-type인 것이다.

지금은 2배속에 놀라지만 이후 알파 세대가 되면 4배속도 당연해질 수도 있다. 그런 과도기에서 지금까지 길었던 것이 점점 쇼트화되고 클립화되는 것은 시대에 따른 필연적인 현상 아닐까?

법칙 42 얼굴 노출을 두려워하지 않으면 팬과 경제권을 획득할 수 있다

크리에이터 이코노미라는 경제권은 유튜브나 인스타그램이 등장한 후에 형성되었다. 그 이전의 이른바 WEB 2.0의 초기 단계에서도 블로그 등의 CGMconsumer generated media(게시판이나 후기 사이트처럼 사용자 참가 콘텐츠를 구성하는 미디어) 서비스는 있었지만, 당시부터 지금까지 블로거나 크리에이터로서 활약하는 사람은 거의 없다.

그중 한 명이 하아추다. 그녀가 획기적이었던 이유는 얼굴 노출을 두려워하지 않았다는 점을 들 수 있다. 많은 블로거가 문장만으로 승부하는 가운데, 당시 여대생이었던 하아추はあちゅう는 블로그[4]에서 현재의 인스타그래머나 유튜브 크리에이터와 비슷한 활동을 했다.

즉 **팬 커뮤니티란 '얼굴 노출'이라는 리스크를 부담하지 않으면 탄생하기 어렵다.** 크리에이터 이코노미를 재촉하는 것은 팬 커뮤니티이며, 팬 커뮤니티가 크리에이터의 수익과 사업을 끌어올리는 원동력이 된다. '자신의 얼굴'이라는 비주얼을 활용하지 않는 한, 이 상황 속에서 크리에이터로서 어텐션을 획득하기는 어렵다.

여러분이 얼굴 노출을 하지 않는 블로거라고 해보자. 일정 기간 내에 특정 웹사이트를 방문한 사용자 수unique user, UU가 10만 명, 월간 100만 PVpage view, 연간 1200만 PV의 블로그를 운영한다고 해도 연수입은 해 봐야 2400만~3600만 원 정도가 될 것이다(CPM 평균을 2천~3천 원이라고 가정한 경우). 하지만 비주얼을 선보이는 리스크를 감수하고 열광적인 10만 명의 팬을

---

4 https://ameblo.jp/mofu-everyday/

모으면 연간 매출 30억 원도 꿈은 아니다. 열광적인 팬, 즉 커뮤니티가 필요로 하는 것을 서비스나 상품으로 제대로 제공하면 된다.

개인 연간 매출이 100억 원 규모에 도달할 정도의 스타가 된 유코스는 그 좋은 예다. 아이돌을 그만두고 SNS로 활동 장소를 옮긴 유코스는 '인기 크리에이터'라는 콘셉트를 내세우며 활동을 이어 왔다. 처음에는 아이돌 메이크업 기술을 선보였지만, 유튜브 세계에는 메이크업으로 유명한 크리에이터가 많았고, 니치niche한 아이돌 메이크업으로는 시청자를 사로잡을 수 없었다고 한다. 그래서 유코스는 고민에 고민을 거듭한 끝에 스스로가 지금껏 해왔던 것을 추상화하고자 생각했다.

아이돌로서 활동하는 것은 '인기를 얻는 것'이다. 특별하지 않던 나도 '인기 있는 여자'를 목표로 삼아 아이돌이 될 수 있었다. 아이돌이란 남녀 관계없이 모두에게 사랑받는 '최고의 인기인'이다. 이번에는 모두에게 사랑받는 방법을 알려주는 '인기 크리에이터'를 목표로 삼으면 되지 않을까?

세상에 인기를 얻고 싶어 하는 사람은 많다. 인기라는 개념은 대인관계에 관여하는 온갖 요소를 '좋은 느낌'으로 만드는 것이다. 인기는 이와 관련해서 다룰 수 있는 콘텐츠가 다양하고, 시청자의 관심 분야를 쉽게 추측할 수 있는 매우 뛰어난 콘셉트다.

인기×메이크업, 인기×패션, 인기×습관 등 인기와 연관 지을 수 있는 장르는 매우 많다. 스스로 그곳에 모여드는 팬은 그녀의 '인기'라는 콘셉트에 공감하는 사람들이다. 그저 메이크업을 좋아하는 사람, 패션을 좋아하는 사람이 아니라 '인기'에 공감하여 모여든 사람들의 커뮤니티라는 말이다. 그야말로 그녀는 인기를 끌고 싶은 사람들을 위한 퍼스널 어텐션을 자극하는 콘텐츠를 만듦으로써 뜨거운 팬 커뮤니티와 그 대가를 손에 넣은 대표 격이라 할 수 있다.

중국에서는 이와 같은 커뮤니티를 가진 인플루언서를 '영향력을 가진 인물 key opinion leader, KOL'이라고 부르는데, 인기 커뮤니티에서의 KOL이 바로 유코스이며, 그 팔로워는 인기에 대한 의욕적인 집단이라는 말이 된다.

그녀가 인기×스킨케어 상품, 인기×콘택트렌즈, 인기×나이트웨어 등의 관점에서 판매하는 상품은 필연적으로 커뮤니티가 필요로 하는 솔루션이 되므로 팬은 그것을 사는 데 돈을 쓰는 것을 주저하지 않는다.

유코스의 주요 SNS의 팔로워 총수는 200만 명 이상에 이른다(2023년 7월 시점). 만약 유튜브의 팔로워 수가 단순히 100만 명이라면 연수입이 1억 원이 될까 말까 하는 수준일 것이다.

그녀의 연간 매출이 100억 원을 돌파하는 것은 '인기'에 특화된 퍼스널 어텐션을 쌓아 올림으로써 열광적인 커뮤니티를 제대로 만들었고, 콘셉트에 맞는 서비스와 상품을 전개했기 때문이다. 《귀멸의 칼날》식으로 말하자면 '인기 주柱'가 되었기에 크리에이터 이코노미라는 경제권을 만들 수 있었다.

크리에이터 중에서 주柱가 되는 사람은 자신의 분야에 매우 높은 의욕과 책임감을 지니고 있다. 그곳에 모이는 팬도 의욕적이므로 하나의 토픽에 대해 커뮤니티 전체가 연구를 거듭하는 관계가 되어 간다. **크리에이터가 자신의 얼굴을 드러내어 일종의 교주화, 아이돌화**하는 방법이 아니면 이 구심력은 태어나지 않는다.

비즈니스맨에게 크리에이터 마인드가 필요한 이유

법칙 43 자신이 적극적으로 앞으로 나서서 그 토픽의 아이콘이 된다

가가미 교스케架神 恭介와 다쓰미 잇세이辰巳 一世의 책 《완전교조 매뉴얼(完全教祖マニュアル)》에도 나오는 것처럼, 사람은 어떤 시대든지 비주얼을 겸비한 숭배의 대상, 즉 우상을 원한다. 하지만 기업이나 비즈니스맨은 경쟁상대인 크리에이터에 비해 우상을 만들기 어렵다는 약점이 있다.

일론 머스크를 비롯해 지금 세계의 톱 기업 경영자가 적극적으로 무대 앞으로 나서는 것은 자신을 아이콘화하는 것이 얼마나 큰 힘을 가지는지 깊이 이해하고 있기 때문이다. 일본에서도 토요타 자동차의 도요다 아키오는 자사 유튜브 채널에 나오고 있으며, 소니이든 혼다이든 과거의 '강한 일본'을 상징하는 기업의 카리스마 경영자들은 스스로의 존재를 강렬하게 드러냈다.

얼굴을 내세우지 않고, 무엇의 주柱가 되려는 것인지를 드러내지 않는 회사와 그 경영자에게 과연 팬이 따라올까? 반복해서 이야기하지만, 경쟁 우위성을 만들어내는 경영자원의 신 4대 요소는 인적 자원, 물적 자원, 자본, 어텐션이다. 4번째 요소인 어텐션의 원천이 되는 것은 기업의 비주얼 부분이다.

비주얼 관리를 하지 않으면 앞으로의 기업은 비주얼을 100퍼센트 활용하는 크리에이터에게 이길 수 없다.

현재와 미래를 사는 비즈니스맨이 살아남기 위해서는 비주얼, 어텐션, 유통력, 커뮤니티 같은 키워드는 빼놓을 수 없다. 필자가 지금까지 보아 온 3가지 진실이 그것을 여실히 가리키고 있다. 그것을 각각 소개해보겠다.

법칙 44 열광의 허브가 되는 인플루언서 사원을 목표로 삼는다

애초에 일본의 저널리즘에는 해외와 비교할 때 무기명 기사가 많다는 특징이 있다.

미국과 유럽의 유력지는 거의 기명 기사로 구성되어 있으며, 기사의 콘텐츠와 그 기사를 쓴 기자 개인이 강하게 연결되어 있다. 대형 인터넷 미디어 허프포스트(허핑턴 포스트)HuffPost나 버즈피드BuzzFeed에서도 그 연결성이 초기 미디어 파워의 성장 원동력이 되었고, 기자가 자신의 비주얼과 퍼스널리티를 내세워서 활동하는 것이 일반적이다.

최근에는 일본의 유력지에서도 기명 기사가 늘고 있다. 하지만 기자의 개인적 견해가 기사와 혼동되지 않게 하기 위해서인지, 저자가 그 뉴스를 어떤 식으로 해석했는지를 명확히 전달하는 기명 기사나 기자의 퍼스널리티가 강하게 느껴지는 기사는 아직 많지 않다.

하지만 요즘 들어 일본에서도 드디어 비주얼을 내세우는 기자가 어텐션을 모으는 흐름이 찾아왔다. 대표적인 사례가 2022년 3월에 일본경제신문사를 퇴직하고 주요 SNS의 팔로워 총수가 85만 명이 넘는(2023년 7월 시점) 크리에이터가 된 고토 다쓰야後藤 達也[5]다.

예전에 일본경제신문 기자와 미팅할 때, 고토 이야기를 꺼내자 그 기자는 "일본경제신문사 기자라면 그가 하는 정도는 누구든 할 수 있어요"라는 식으로 말했다. 하지만 중요한 것은 경제 뉴스를 알기 쉽게 해설하는 것이 아니다.

스스로 인터넷에 얼굴을 노출하고, 나아가 정기적으로 콘텐츠를 업로드하는지가 크리에이터가 될 수 있는지 없는지의 갈림길이다. 지금의 고토는 틀림없이 '경제를 알기 쉽게 해설하는 주柱'이자, 제2의 이케가미 아키라池上 彰[6]와 같은 존재가 되고 있다. 콘텐츠가 사람들에게 전달될 때까지는 생산→가공→유통의 단계가 있다고 앞서 논했지만, 그는 생산과 가공 기술을 일본경제신문사에서 갈고 닦은 후, 유통 채널은 스스로 얻었다.

비슷한 방식으로 경제 미디어로서 급성장한 것이 과거의 뉴스픽스다. 뉴스픽스는 SNS에서 많은 팔로워를 가진 콘텐츠 제공자에게 '프로 픽커pro picker'라는 이름으로 협력하게 함으로써 SNS 내에서의 콘텐츠 유통력을 높였다.

---

5 https://www.youtube.com/@gototatsuya
6 옮긴이_ 프리랜서 방송인이자 객원교수 및 저널리스트로 활동 중인 인물로 일본 내 인지도가 매우 높다.

싸움에서 살아남는 크리에이터나 미디어에는 유통이라는 차별화 요인이 있다. 스마트폰과 SNS가 전성기를 맞이한 지금, 유통의 포인트는 이 책의 방식대로 말하면 어텐션에 있다. 앞으로의 사회에서는 SNS를 통한 유통에 있어서 몇백 명, 몇천 명의 사원이 있는 기업과 강한 커뮤니티를 가진 크리에이터의 힘은 동등해질 것이다. 그렇게 되면 경제 합리성 측면에서 보더라도 기업은 유통력이 있는 사원, 즉 어텐션을 가진 크리에이터를 고용하고 싶어 할 것이고, 사내에서도 우대받게 될 것이다.

앞으로 그저 무언가를 만드는 생산에서 가공까지가 자신의 일이라고 생각하는 회사원 크리에이터는 정리 해고당할 가능성이 커질 것이다. 그 반대도 마찬가지로, 유통력을 가진 비즈니스맨의 장래는 밝다. 코로나 사태를 계기로 많은 의류 기업이 SNS의 팔로워가 많은 인플루언서 사원을 우선 채용하기 시작한 것은 이 흐름의 선두 격이라고도 할 수 있다. 유통력을 가진 사원은 기업에서 제4의 경영자원인 어텐션 그 자체이기 때문이다.

법칙 45 SNS가 가진 독자적인 역학을 이해한다

이처럼 회사원 크리에이터가 아니라 스스로가 유통력을 가지고 별명으로 일을 하는 크리에이터가 강해지게 되면, 이른바 '잘 먹히는 것'과 '먹히지 않는 것'의 기준이 달라지게 된다.

필자는 원미디어에서 크리에이터와의 컬래버레이션 기획을 직접 만드는 것과 동시에 필자가 크리에이터 겸 인플루언서로서 다른 기업의 기획에 참여하기도 한다. 그렇게 직접 만드는 쪽과 출연하는 쪽 모두를 체험하고 있기 때문에 느끼는 것일지도 모르지만, 한 가지 말할 수 있는 것은 전통 광고

대행사의 방식이야말로 통하지 않는다라는 점이다.

소셜 네트워크에는 에코 시스템이라는 생태계를 넘어선 유니버스 같은 성질이 있다. 그 은하계에는 그곳에서 활약하는 크리에이터라는 별이 있으며, 그것을 둘러싼 팬 커뮤니티라는 위성이 있고, 자전과 공전, 태양계 같은 물리학이 작용한다.

유니버스 안에서 잘 통하는 기획을 하기 위해서는 유니버스 고유의 물리법칙, 별들의 빛을 조합하여 그 흐름을 제대로 이용해야만 한다. 이 유니버스는 이해관계자가 무척이나 많으므로 기존 미디어에 비해 법칙이 복잡하다. 면허 사업이라는 점에서 보호받는 TV 업계와는 다르게, 커뮤니케이션은 일방통행이 아니라 쌍방향이며, 공개된 것에 대해 시청자 측이 즉시 반응한다.

기업이나 크리에이터가 아니라 사용자가 크리에이터의 동영상을 오마주한 사용자 생성 콘텐츠user generated content, UGC를 만들어 공개하는 것도 가능하다. 이런 복잡한 유니버스 안에 있음에도 불구하고 전통 광고대행사의 방식은 사과가 나무에서 떨어지는 것처럼 지구상의 물리법칙에 최적화되어 있다.

과거에는 콘텐츠를 공급할 수 있는 사람이 적었고 모두가 지상에서 사과가 떨어지기를 기다리는 상태였으므로 나무 위에서 뚝 하고 낙하하는 식의 일방적인 콘텐츠여도 받아들여졌다. 그러다 보니 전통 광고대행사의 크리에이티브란 '말도 안 될 정도로 멋진 사과를 만들고, 그것이 떨어지는 타이밍에 모두 함께 지켜보는 상황'을 극한까지 끌어낸 것이다. 그 사과는 많은 프로가 함께 만들어낸 최고의 사과로, 개인 크리에이터가 간단히 흉내 낼 수 있는 퀄리티는 아니다.

하지만 우주 공간에서는 아무도 사과나무를 보지 않는다. 소셜 네트워크라는 유니버스에서는 멋진 사과나무를 모두가 함께 보는 상황을 만든다는 전제 조건 자체가 매우 곤란하다. 그럼 어떻게 해야 할까?

이 유니버스에서 해야 할 일은 새까만 어둠 속에서 빛나는 별을 찾아내는 것이다. 별은 그저 빛나는 것뿐만이 아니라, 엄청난 중력과 자전의 힘으로 주변을 끌어들인다. 그렇게 스스로 어텐션을 만들어내는 별, 즉 크리에이터나 인플루언서와 기업은 협력해야 한다.

다만 기업이 커뮤니케이션으로 하고 싶은 것과 별이 끌어들이는 흐름이 잘 맞지 않으면 그 기획은 곧장 통하지 않게 된다. 그것을 제대로 판별해서 시도해야 하며, 단순히 비용을 들인다고 다가 아니다. 사과나무가 주목을 끄는 시대는 끝나고, 사람들은 이미 스마트폰이라는 이름의 로켓에 올라탄 채 우주로 날아가 버렸다.

무수한 콘텐츠가 반짝이는 유니버스 안에서 어텐션을 모으려면 초신성 폭발처럼 앞으로 대변신할 크리에이터를 발견하거나 지구와 달과 태양이 일직선이 되는 일식 같은 순간을 찾으러 가야 한다. 어느 쪽이든 엄청나게 복잡한 일을 해내야 한다는 말이다.

그것을 해내기 위해서는 스스로 언제나 우주 공간을 떠돌며 어떤 것들이 유니버스를 구성하고 있는지 관찰하면서 그곳에서 빛나는 사람들의 힘을 빌려야만 한다. 많은 회사원 크리에이터나 전통 광고대행사가 아직 소셜 네트워크라는 우주에 푹 잠기지 못했다. 그들처럼 평소에는 지구에 있으며 가끔 베란다에서 달을 올려다보는 정도로는 부족하다.

X를 매수한 일론 머스크는 그 자신이 누구보다 X라는 유니버스 안에서 표류하고 있기에 헤비 사용자들과 농밀한 관계를 맺을 수 있었고, 대량의 정리해고를 행하면서도 X를 개선해나가는 방침을 제시할 수 있었다.

하나의 유니버스를 이해하기 위해서는 그곳에 목까지 잠기는 시간이 반드시 필요하다.

그것을 할 수 있는 것은 기존의 올드 미디어와 밀월 관계를 맺어 온 전통 광고대행사가 아니라 SNS 안에서 매일 어텐션을 얻고 있는 크리에이터다.

법칙 46 모든 비즈니스 분야에서 대응할 수 있는 스킬을 갈고 닦는다

크리에이터 이코노미의 탄생에 의해 앞으로는 중간 단체의 의미도 크게 달라질 것이다. 애초에 중간 단체라는 표현은 비즈니스 영역에서 거래 사이에 불필요한 중간 유통업자가 들어와서 수수료 등을 취한다는 부정적인 의미로 사용되었다.

일본의 경우, 전에는 중간 유통업자가 거래 사이에 들어오는 것이 당연했고 이로 인해 불필요한 비용이 추가로 발생했으므로, 이런 중간 단체가 비판을 받는 경우가 많았다. 하지만 현재는 고객과 사업자가 직접 연결되는 것이 당연시되고 있다. 2020년 도쿄올림픽 때 중간 단체가 격한 비판을 받았다는 사실은 그 한 가지 증거다.

하지만 여전히 커뮤니케이션 업계에서는 중간 착취업자로서의 중간 단체라는 존재를 빼놓을 수 없다. 광고대행사의 대행이라는 말이 나타내는 것처럼, 커뮤니케이션이나 인플레이션을 만들어내기 위한 틀은 누군가가 모아서 관리할 필요가 있기 때문이다. 많은 광고대행사나 영업대리점이 존재하는 이유는 이 구조 때문이다.

하지만 지금의 크리에이터는 개인이 유통 채널을 가지고 클라이언트와 직접 거래할 수 있으므로 실은 중간 단체가 끼어들 여지가 없다. 문제는 그것을 어떻게 생각하는지다. **기업 혹은 여러분이 크리에이터와 일을 한다면 지금까지 중간 단체가 담당해온 것, 즉 광고대행사가 했던 일을 스스로 해야 할 필요가 있다.**

우선 어떤 크리에이터에게 부탁할지는 SNS의 역학을 제대로 관측해서 판단해야 하며, 그 선택에 대한 책임을 져야 한다. 반대로 기업 혹은 여러분이 직접 크리에이터로서 그 힘을 최대한으로 수익화하려고 생각한다면 자신이 확보한 커뮤니티를 명확히 가시화하여 자신의 힘을 필요로 하는 클라이언트는 어디인지, 어떤 사람들에게 먹힐지 스스로 분석해서 접근해야 한다.

기존의 광고대행사가 담당하던 역할이 바로 그것이었다. 따라서 자신의 힘으로 그것을 제대로 해내지 않으면 성과를 최대화할 수 없다. 돈이나 결재 권한만으로 커뮤니케이션 업무를 제대로 풀어내기는 어려워질 것이다. 클라이언트도 제대로 머리를 써서 일해야만 한다.

비즈니스맨의 생존 및 성장 전략 방정식

지금까지 개인이 어텐션을 얻기 위한 방정식을 소개했다.

시행 횟수 × 인게이지먼트 = 어텐션

이번 장의 마무리로 이 인게이지먼트를 최대화하기 위한 방정식을 소개한다. 이것은 비즈니스맨의 생존, 성장 전략으로서 그대로 활용할 수 있다.

법칙 47 인게이지먼트 증폭에 필요한 3가지 요소

콘텐츠의 벡터 × SNS가 가진 역학 × 개인 · 기업의 아이디어 조달력

= 인게이지먼트의 레버리지

유코스의 예에서 본 것처럼 어떤 콘텐츠를 주제로 삼을지에 따라 선택할 어텐션의 벡터는 달라진다. 그리고 그 벡터를 최대화할 수 있는지 여부는 개개인의 SNS가 가진 흐름에 따라 결정된다.

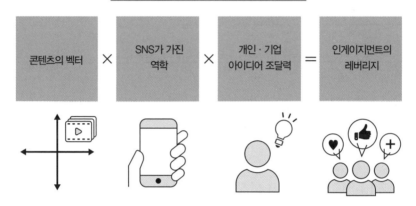

예를 들어 단기간에 극히 간단하게 노하우를 전달하고 싶을 때 유튜브를 선택하는 것은 미스매치다. 유튜브는 롱폼과 숏폼의 비율을 볼 때 현재는 롱폼 쪽이 강하기 때문이다. 비슷하게, 언어화하기는 어렵지만 아름다운 이미지를 전하고 싶은 성질의 콘텐츠라면 X보다 인스타그램 쪽이 훨씬 적합하다.

어떤 분야에서 어텐션을 취할지(퍼스널 어텐션의 방향성)라는 벡터와 각종 SNS가 가진 성질·역학, 그에 대해 아이디어를 조달하는 자신(기업), 이 3가지가 곱해짐으로써 강력한 인게이지먼트로 이어진다.

여러분이 싸워야 하는 것은 이 3가지 요소가 곱해진 장소다. 3가지 중 어느 하나만 부족해도 계속 싸워나갈 수 없다. 싸움을 지속하지 못하면 어텐션을 얻을 수 없게 된다. 반복해서 말하지만, 어텐션은 많은 시행 횟수로 인게이지먼트를 축적하는 것 말고는 만들어낼 수 없기 때문이다. 가장 어려운 일은 무언가를 계속하는 일이다. 누구든 시도할 수 있지만, 지속하기란 어렵다. 지속할 수 있는 벡터와 역학과 자신, 이 셋을 곱한 장소에서 싸워나가자.

Chapter

4

모두
크리에이터가 되는 시대의
열광 마케팅 노하우

새로운 시대의 마케팅 전략

"스마트폰과 TV, 어느 쪽을 더 오래 사용하세요?"

이런 질문을 받는다면 여러분은 어떻게 대답할까? Opening에서 데이터로 소개했는데, 지금은 50대 이상만 스마트폰보다 TV 이용 시간이 길다.

'역사상 가장 미친 축구 만화'라는 별명을 가진 《코믹 블루록》 1권에 다음과 같은 대사가 나온다.

일류 스트라이커라는 생물은 가장 축구 열기가 뜨거운 곳에서 갑작스럽게 등장한다.

지금 세상에서 가장 커뮤니케이션이 뜨거운 장소는 어디일까?

답은 물론 SNS다.

앞으로의 시대를 만드는 세대에게 1차 미디어는 스마트폰으로 바뀌었으며, 그 스크린에 비친 콘텐츠는 SNS 크리에이터들이 만들기 때문이다. 시대의 열광의 중심은 SNS에 있다. 그런 '뜨거운 장소'에서 탄생하는 일류 스트라이커, 즉 크리에이터는 축구선수처럼 제각각 독특한 스타일을 갖추고 있다. 이 책의 서두에는 그것을 《귀멸의 칼날》의 주柱 이론'으로 다뤘다.

지금부터 커뮤니케이션 전략 3가지, 스토리 전략 10가지, 크리에이터 전략 7가지, 총 20가지의 마케팅 전략을 다루고자 한다.

그럼 서둘러 본론으로 들어가보자. 《귀멸의 칼날》의 주柱 같은 존재, 즉 톱 크리에이터가 갖춘 힘을 정리하면 다음의 3가지로 나눌 수 있다.

톱 크리에이터가 갖춘 3가지 힘

열광력	시행력	지속력
커뮤니티와 대화하면서 콘텐츠를 만든다.	짧은 주기로 PDCA를 돌리며 콘텐츠를 업데이트한다.	지속적인 도전과 반추를 통해 우위성을 높인다.

법칙 48 커뮤니케이션 전략 ① 열광력

톱 크리에이터는 동영상에서 무엇을 다룰지 고민하지 않는다. 나중에 언급할 '카페 투어병' 등은 쳐다보지도 않고 스스로가 애정을 가지고 해낼 수 있는 장소를 찾아낸다. 그 토픽을 진심으로 마주하며 노하우를 축적하고 발신한다.

나아가 톱 크리에이터의 팔로워는 단순한 팔로워가 아니다. 그들은 크리에이터가 다루는 토픽에 똑같이 깊은 애정을 가진 커뮤니티이자, **톱 크리에이터는 언제나 자신의 커뮤니티와 대화하면서 콘텐츠를 만든다.** 그러므로 톱 크리에이터를 KOLkey opinion leader이라 부른다. 그들은 자신이 하고 싶은 것에 열광하는 표현자임과 동시에 팔로워를 열광으로 이끄는 선구자이기도 하다.

법칙 49 커뮤니케이션 전략 ② 시행력

곧장 시도한다. 이것저것 생각하기보다 우선 스스로 해본다. 메이저리티의 의견이나 기존의 상식 등은 개의치 않고 스스로 하고 싶은 것에 우선 도전한다. **시행 횟수를 최대화함으로써 얻은 배움을 다음 콘텐츠에 활용하며 언제나 콘텐츠를 진화시킨다.** 그러므로 변화가 빠른 플랫폼 환경에도 곧장 대응하고 스스로의 영향력을 유지할 수 있다.

이들은 마크 저커버그가 페이스북을 만든 당시, 사내에 내건 "Done is better than perfect(완벽을 노리는 것보다 우선 끝낸다)"를 체현하고 있다고도 말할 수 있다. 기존의 크리에이터가 몇 개월, 몇 년에 걸쳐 혼이 담긴 작품을 만들던 문화와는 반대로, 요즘의 크리에이터는 고속 PDCA를 돌리는 것을 중요시하고 있다.

법칙 50 커뮤니케이션 전략 ③ 지속력

변함없이 지속한다. 그만두지 않는다. 누군가가 강요해서도, 돈을 받을 수 있는 것도 아님에도 자신이 콘텐츠를 제공하고 싶으니까 활동한다. 원하는 토픽의 콘텐츠를 만들어 공개하고, 누군가의 반응을 얻는 것 자체가 기쁨이며 대가가 된다.

즉, 인생의 즐거움이 곧 크리에이터 활동이므로 길게 지속할 수 있다. 그 결과, 영리 목적만으로 진입하는 경쟁 상대(주로 기업)에게 승리한다. 또한

지속하면 할수록 콘텐츠가 축적되며 그것이 크리에이터의 우위성을 강고하게 만든다.

톱 크리에이터는 스마트폰과 SNS를 통해 콘텐츠의 생산→가공→유통을 거의 비용 없이 할 수 있게 된 덕에 거기에 몰두하고 도전하면서 태어난 사람들이다. 예전 같았으면 열광은 있어도 그것을 표현하기가 어려웠고, 도전하고 싶어도 콘텐츠를 전달하기 위해서는 큰 비용이 들었으며, 지속하고 싶어도 팬의 반응을 알 수 없었다. 그런 상황을 스마트폰과 SNS가 바꿨다. 그 결과, 크리에이터는 커뮤니케이션 영역에서 기업의 경쟁 상대가 되었고, 지금은 결과로 이어지는 커뮤니케이션을 실천하려면 그들에게 지지 않는 '열광'을 준비해야 한다.

이 장에서는 톱 크리에이터의 다양한 노하우와 스킬에서 에센스를 추출하여 누구나 도전할 수 있는 요소로 정리했다. 이것을 흉내 내면 기업을 포함해 누구든 크리에이터가 될 수 있을 것이다.

AI 시대, 크리에이터가 살아남는 방법은?

법칙 51 유니크한 존재인 자신을 최대한 활용한다

WEB 3이나 AI 등 테크놀로지가 빠르게 진화하는 시대 배경과 흐름 속에서 크리에이터를 둘러싼 환경은 크게 달라지고 있다.

WEB 3은 복잡해 보이지만, 기본적으로는 크리에이터에 대한 직접 과금을 불러오는 것이라고 생각하면 알기 쉽다. 자신이 만드는 전자적인 콘텐츠에 금전적인 가치를 더하고, 그것을 중앙집권적인 플랫폼에 의존하는 것이 아니라 분산화된 테크놀로지를 통해 고객과 직접 연결함으로써 금전적인 것으로 바꾼다. 그것이 WEB 3의 근원에 있는 사상이다.

또 하나의 흐름은 AI 이미지 생성 서비스인 미드저니Midjourney를 비롯한 AI의 진화다. 그래픽, 사진, 동영상조차도 지금은 AI를 통해 간단히 만드는 시대가 되었고, 일러스트레이터 vs. AI, 포토그래퍼 vs. AI, 영상 디렉터

vs. AI 같은 대립 구조가 생겨났다.

유니크한 무언가를 만든다는 의미에서는 인간이 아직 우위에 서 있다. 다만 유니크한 콘셉트를 정한 후, 그로부터 많은 변형을 빚어내는 부분에서 인간은 AI에 도저히 대항할 수 없다. 이 두 가지 흐름을 바탕으로 크리에이터는 살아남기 위해 앞으로 어떻게 해야 할까?

우선 전제는 우리가 인간이며, 인간이란 유니크한 존재라는 점이다. 유니크한 존재인 자신을 최대한 활용하지 않으면 AI에 이길 수 없다.

블로그 시대에는 집필자의 얼굴이 보이지 않는 '취재 없는 기사'가 횡행했다. 하지만 앞으로는 기명 기사가 아닌 텍스트나 단순히 기계적으로 복제 가능한 콘텐츠, 요컨대 '자신'을 드러내지 않고 양산하는 결과물은 상품이 되지 않을 것이다.

크리에이터에게 중요한 것은 **무언가를 만들 때 '이것은 내가 아니면 할 수 없는 일인가', '내가 해야 할 의미가 있는가'를 진지하게 묻는 것**이다. 그리고 그 물음에 대한 가장 알기 쉬운 해결 방법은 여러분의 얼굴을 드러내는 것에 있다. 만든 사람이 누구인지를 명확하게 드러내는 것이 AI에 대한 가장 큰 차별화 요인이 된다. '이 사람에게 사고 싶다', '이 사람을 돕고 싶다'라는 WEB 3의 직접 과금의 흐름도 우선 여기에서 시작된다.

물론 콘텐츠 그 자체로 유니크성을 표현할 수 있다면 얼굴을 드러낼 필요는 없다. 하지만 대부분의 사람은 안타깝게도 천재가 아니므로 그것은 쉽지 않은 일이다.

트렌드를 적확하게 읽는 감성 사고법

법칙 52 트렌드의 싹을 파악하는 소셜 리스닝

시대의 최첨단에 있는 트렌드는 대형 미디어가 취급하기 전에 이미 SNS에서 다루어진다. 크리에이터나 비즈니스맨이 트렌드를 정확히 읽기 위해서는 SNS에 푹 빠져서 그곳에서 어떤 일이 벌어지는지 빠짐없이 살펴봐야 한다. 이것을 멋진 말로 표현하면 소셜 리스닝social listening이라고 한다.

소셜 리스닝이란 SNS에서 일어나는 일을 '듣는' 것이다. '보는' 것이 아니라 '듣다listening'라는 영어 표현을 사용하는 것은 가만히 귀를 기울여야 한다는 뉘앙스가 있기 때문이다. 원미디어 같은 회사에서는 소셜 리스닝은 매우 중요하며, 당연하게도 사원의 업무나 워크플로 안에 포함되어 있다.

소셜 리스닝의 최대 포인트는 '관찰'이며, 원미디어에서는 이것을 '발명보다 발견'이라고 표현한다.

3장에서 '전통 광고대행사의 방식이야말로 통하지 않는다'라고 논했지만, 사과나무를 모두가 보던 시대에는 좋은 콘텐츠에는 발명이 필요하다고 생각했다. 하지만 SNS라는 새로운 유니버스에서는 발명보다 발견이 중요하다.

지금, 이 우주에서 무엇이 유행하고 있는가?

모두 빠짐없이 올리는 표현이나 해시태그, 이상하게 역주행하는 노래나 가수 등 **소셜 리스닝을 통해 무언가 찌릿하는 위화감을 느꼈을 때, 그것을 그냥 넘기지 말고 발견하고 활용하는 마인드**를 길러야 한다.

2021년 4월, 원미디어는 유니클로의 공식 유튜브 채널을 위해 'LifeWear Music'이라는 동영상 시리즈를 제작했다. 음악과 영상을 융합한 BGV background video[1]라는 장르의 콘텐츠로, 이 기획의 뿌리에 있던 것도 코로나 사태 이후 벌어진 유튜브 동영상의 유행 변화다.

이 무렵, 사람들이 자택에서 보내는 시간이 늘어남으로써 TV에 유튜브를 캐스팅하여 동영상을 시청하면서 원격으로 업무를 보는 사람이 늘어났다. 타닥타닥 소리가 나는 모닥불을 계속 보여주거나 로파이Lo-Fi나 힙합을 계속 틀어놓는 채널이 유행했다. 즉 '~~하면서 보는' 동영상을 사람들이 찾는다는 발견을 통해 우리는 유니클로의 콘셉트 'LifeWear'를 유튜브에 침투시키고자 BGV라는 콘텐츠를 이용하기로 했다.

그러자 역시 노림수대로 많은 사람이 시청했고, X에는 시청자들의 호의적인 코멘트와 함께 작업용 BGM으로 추천하는 글이 많이 올라왔다. 긴 시

---

1 인테리어로도 즐길 수 있는 음악과 영상을 바탕으로 한 비디오디스크나 VTR 작품. BGM의 영상판이라고 볼 수 있다.

청 시간과 긍정적인 반응이 쌓임으로써 많은 인게이지먼트가 생겨났고, 유튜브의 추천 동영상에 자주 등장하게 되었다.

결과적으로 **광고비를 전혀 사용하지 않는 오가닉 트래픽**organic traffic[2]**으로 많은 어텐션을 모을 수 있었다.**

최근 숏폼에 관한 업무의 경우, 원미디어는 기업의 일을 수주할 때 반드시 알리고 싶은 상품이나 서비스에 관한 해시태그, 그리고 그것과 관련하여 어떤 게시물이 올라오는지 세세하게 조사한다. 그 브랜드나 상품, 서비스 주변에서 이미 어떤 것이 콘텐츠로서 다루어지고 있는지를 확인한다.

그 해시태그의 가장 한복판에 있는 것을 발견하면 그것을 그대로 동영상에 반영한다. 그렇게 하면 해시태그의 역학 안에 자연스럽게 자리잡을 수 있다. 이때 우리는 아무것도 발명하지 않았다. 이미 사람들이 모여 있는 해시태그를 발견했을 뿐이며, 이것이 히트하기 위한 기본이 된다.

여러분도 기획을 생각할 때는 꼭 한 번 발명보다 발견의 마인드로 하루하루 소셜 리스닝을 실천해봤으면 한다.

---

2 **옮긴이** 광고나 소셜미디어, 리퍼럴 사이트와 같은 채널을 통해 사이트로 유도되는 트래픽을 제외하고 검색엔진을 통해 곧바로 유입되거나 동일한 도메인 안에서 유입되는 트래픽을 말한다.

좋은 숏폼과 나쁜 숏폼의 차이

이 책의 메인 주제인 숏폼은 그 이름대로 매우 짧은 시간에 표현한다는 특징이 있다. 이것은 단적으로 말하면 클립화된 시간축 안에서의 표현이다.

손에 든 채 먹기 좋고 곧장 그 맛을 알 수 있다. 즉 인스턴트한 재미와 놀라움을 전하기에 적합하지만, 그 임팩트는 긴 시간에 걸쳐 얻을 수 있는 감동과는 성질이 다르다. 장편소설이나 두 시간의 영화를 집중해서 본 후의 마음속 깊이 떨리는 체험은 숏폼에서는 얻을 수 없다.

여기서 다시 숏폼의 공과功過에 대해 생각해보자. 만화가 갓피가 클립화의 시대라고 지적한 것처럼 확산된다는 의미에서 숏폼은 지금 가장 가성비가 좋은 수단이라고 할 수 있다. 하지만 전달된다는 의미에서는 롱폼 콘텐츠의 전해지는 깊이에 미치지 못한다. 그 때문에 크리에이터는 롱폼과 숏폼 콘텐츠를 구별해서 사용해야 한다. 반복하지만 '확산된다'라는 1차전을 이겨내지 못하면 '전달된다'라는 2차전으로 나아갈 수 없다. 크리에이터와 기업은 그때그때의 목적을 제대로 파악하고 커뮤니티에 관여해야만 한다.

법칙 53 콘텐츠가 확산될지 말지는 추천 엔진이 정한다

그렇다면 좋은 숏폼과 나쁜 숏폼의 차이는 무엇일까?

기본적으로 숏폼의 세계는 사용자 취향에 맞는 콘텐츠를 AI가 제안하는 추천 엔신으로 작동한다. 즉 눈에 보이는 것은 모두 '좋은 숏폼'이며, '나쁜 숏폼'은 애초에 여러분의 타임라인에 나타나지 않는다. AI가 추천하지 않으므로 접할 수 없고 '발견'되지 않는다는 말을 뒤집으면 '추천해주는 것이 좋은 동영상'이라는 말이다.

그렇다면 추천 엔진은 어떤 요소를 보고 좋은 동영상이라고 판단할까?

추천 엔진의 파라미터는 그때그때 튜닝되지만, 크게 달라지지 않는 지표가 2개 있다. 디바이스의 화면에 **해당 숏폼이 뜬 사람이 어느 정도의 시간 동안 그 것을 보았는가(시청 길이와 시청 유지율)와 그 동영상을 본 사람이 '좋아요'나 댓글을 남기거나 공유하는가(인게이지먼트 레이트)이다.** 이 2가지 지표가 높을수록 '좋은 숏폼'으로 추천되는 것이 원칙이다.

법칙 54 복잡한 알고리즘 속에서 사용자의 감정을 파악한다

틱톡은 재생 횟수가 쉽게 늘어나므로 재생 횟수를 중요업적평가지표key performance indicator, KPI라고 생각하기 쉽다. 하지만 틱톡을 중심으로 주요 SNS의 팔로워 총수가 260만 명이 넘는(2023년 7월 시점) 톱 크리에이터인

슈이치로修—朗[3]는 "제 동영상에서 KPI로 삼았던 것은 '시청 시간'뿐이었어요"라고 했다.

세로로 계속해서 스와이프하는 틱톡의 역학을 거스르면서까지 손가락을 멈추는 사용자는 어느 정도 될까? 필자가 MC를 역임하던 라디오 방송에 그가 출연했을 때 "이것은 매우 강한 감정 아닐까요?"라고 한 말이 인상에 남아 있다.

그가 중요하게 여기던 KPI는 사용자가 '30초 이상 보는가'였다. 시청 길이가 30초를 넘어선 동영상에는 '좋아요'나 댓글이 따라붙기 쉽다. 이 판단 기준에 포커스를 맞춤으로써 인게이지먼트를 축적하여 그는 일본 유수의 틱톡 크리에이터가 될 수 있었다. 여기에는 SNS에서의 좋은 동영상, 나쁜 동영상의 판단 기준이 기존처럼 정량적으로 정해지는 것이 아니라는 아주 중요한 시사점을 내포하고 있다.

이렇게까지 다종다양한 콘텐츠 중에서 자신이 좋아하는 것을 고를 수 있는 시대가 되면, 여러분이 좋아하는 것을 누군가는 싫어할 수도 있고, 그 반대도 당연히 있을 수 있다. 즉 정량적으로 좋고 나쁨을 판단하는 것은 해가 갈수록 어려워진다.

따라서 숏폼의 좋고 나쁨의 판단은 정량적이 아니라 정성적으로 정해진다. 인게이지먼트 획득을 통해 **아직 당신을 모르는 누군가의 타임라인에 추천되는 숏폼**이 '좋은 동영상'이라고 어느 정도 결론짓고 임해야 한다.

---

3 https://www.tiktok.com/@tuckinshuichiro

▶ ❙❙ ▶❙ ━━━━━━━━●━━━━━━━━━━━━━━━━━━━

크리에이터야말로 어텐션을 낳는 콘텐츠의 창조주

법칙 55 사람과 기획, 각각에 대한 사용자의 기대치를 카테고리화한다

그렇다면 구체적으로 크리에이터들은 좋은 숏폼을 통해 어떤 식으로 어텐션을 모을까? 이런 전략을 판단할 때는 다음의 매핑이 도움을 준다.

이 매핑에서는 세로축을 크리에이터에 대한 기대치(엔터테인먼트성인지 정보성인지), 가로축을 기획에 대한 기대치(토픽인지 개인의 힘인지)로 삼고, 이 사분면으로 크리에이터를 엔터테인먼트형, 밈meme[4]형, 프로페셔널형, 롤모델형으로 분류한다.

---

4 그리스어 'mimeme(모방한다)'와 영어의 'memory(기억한다)'를 더해 만들어진 신조어로, 리처드 도킨스가 저서 《이기적인 유전자》에서 제창한 개념이다. 인터넷에서는 재미있는 동영상이나 게시물이 SNS 등으로 확산되어 콘텐츠의 규칙이 된 것을 가리킨다. 틱톡은 젊은 층이 자발적으로 밈을 만들어내는 장소로서의 힘이 매우 강하다.

동영상 크리에이터 매핑: 유력 인플루언서의 사분면[5]

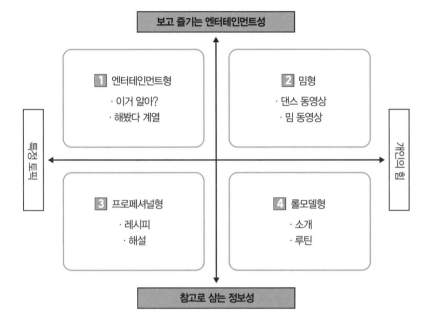

보고 즐기는 엔터테인먼트성

1 엔터테인먼트형	2 밈형
· 이거 알아?	· 댄스 동영상
· 해봤다 계열	· 밈 동영상

특정 토픽 ←→ **개인의 힘**

3 프로페셔널형	4 롤모델형
· 레시피	· 소개
· 해설	· 루틴

참고로 삼는 정보성

1 엔터테인먼트형
- 토픽×재주
- 퀄리티 높은 동영상이나 그 재미에 끌린 사용자가 팔로우한다.

2 밈형
- 크리에이터 자신이 콘텐츠화
- 퀄리티를 불문하고 일단 모두가 좋아하는 대상으로서 팔로우한다.

3 프로페셔널형
- 토픽×포맷
- 전문성과 설득력 있는 설명에 팬이 생긴다.

4 롤모델형
- 커뮤니티의 소망을 체현한다.
- 특정 토픽을 축으로 한 커뮤니티에서 신격화된 존재다.

---

5 **출처_** 원미디어주식회사에서 작성한 '크리에이터 매핑'을 토대로 새롭게 작성했다.

왼쪽 위의 엔터테인먼트형의 특징은 '토픽×재주'를 보유하고 있다는 점이다. 이것은 개그맨의 존재감과 비슷하다. 오른쪽 위의 밈형의 특징은 크리에이터 자신이 콘텐츠화된다는 점에 있으며, 기존 TV 연예인의 존재감과 매우 비슷하다.

한편 사분면의 아래에 해당하는 정보성의 방향은 재현성이 높으며, 비교적 누구나 다루기 쉬운 장르다. 앞으로 크리에이터를 목표로 삼은 사람이 재현하기 쉬운 것은 왼쪽 아래의 프로페셔널형(토픽×포맷)과 그 진화형이라고도 할 수 있는 오른쪽 아래의 롤모델형(커뮤니티의 소망을 체현한다)일 것이다.

콘텐츠를 찾을 때는 반드시 토픽에 관한 흥미가 기점이 된다. 사용자는 그 토픽에 관해 정기적으로 정보를 공개하는 크리에이터에 대해 더 알고 싶어하고, 그러다 보면 팔로우를 하게 되고, 결국 팬이 된다.

이처럼 시청자의 어텐션을 축적하고, 그 토픽에 관해 발신하는 크리에이터에게 어텐션이 모이도록 전환할 수 있으면 그 크리에이터는 롤모델의 범주에 들어갈 수 있다. 현재, 프로페셔널형에 위치하는 크리에이터 중 다수는 롤모델형이 되는 것을 목표로 삼고 있지 않을까?

예를 들어 '매달 지출 절반을 화장품에 쏟아붓는 여자'라는 캐치프레이즈로 알려진 아리찬은 과거 자기의 손만 비추며 화장품 정보를 소개하는 프로페셔널형 크리에이터였다.

하지만 틱톡뿐 아니라 유튜브나 인스타그램에서도 활약하게 된 지금은 자신의 얼굴을 적극적으로 드러내는 방향으로 전환했다. 토픽에 포커스를 맞춘 콘텐츠로 팔로워를 모으는 단계를 넘어서, 자기 자신에 어텐션을 모으는 롤모델형으로 전환하고자 이런 변화를 준 것 아닐까?

또한 kemio처럼 오른쪽 위의 밈형에서 오른쪽 아래의 롤모델형으로 전환한 예도 있다. 이것은 kemio가 자신의 젠더에 관해 말하거나 미국으로 거점을 옮겨 활동하는 가운데, 엔터테인먼트에서 정보('보고 즐긴다'에서 '참고가 된다'로)로 발신의 방향성이 바뀌었고, 거기에 커뮤니티가 생겨났다는 점을 나타낸다.

한편 엔터테인먼트형에서 롤모델형으로 곧바로 옮겨가는 사람은 그다지 많지 않다. 바로 인접해 있는 계통을 습득하기 쉽다는 점은 만화 《헌터×헌터》의 넨念 능력과 비슷할지도 모른다.

법칙 56 어텐션을 효과적으로 만들기 위해 특기 분야에서 승부한다

이 사분면을 보면 크리에이터의 존재 방식에도 다양한 형태가 있다는 사실을 알게 될 것이다. 어도비는 〈Future of Creativity〉 리포트에서 크리에이터 이코노미의 급격한 성장을 제시함과 동시에 현대의 크리에이터를 다음과 같이 정의한다.

창조적인 활동(사진 촬영, 크리에이티브 라이팅, 오리지널 SNS 콘텐츠 제작 등)에 종사하며, SNS에서의 존재감을 높이려는 목적으로, 작품을 적어도 매월 온라인에 업로드, 공유, 선전하는 사람

크리에이터의 정의를 어도비가 이런 식으로 새로 정의했다는 사실은 무척이나 놀랍다. 이 정의를 전제로 삼으면 '틱톡커가 되고 싶으면 춤을 추면 된다'라는 말은 부끄러운 착각이라는 사실을 곧장 알 수 있다.

만약 크리에이터가 되고 싶다면, 꼭 사분면을 참고로 자신에게 맞는 포지션을 개척하고 **어텐션을 낳는 콘텐츠의 창조주**를 목표로 삼아보자.

자기 스스로가 재미있는 사람이라고 생각되거나, 다양한 의미에서 자신만의 개성으로 어텐션을 만들어낼 자신이 있다면 가로축의 '개인'이나 세로축의 '엔터테인먼트'에 가까운 쪽에서 승부를 걸자.

자신은 딱히 재미도 없는 사람이고 주목을 모을 만한 외모가 아니라고 생각된다면 가로축의 '토픽'이나 세로축의 '정보'에 접근하면 된다. 특정 토픽에 대한 전문성과 설득력을 겸비한 프로페셔널형은 많은 사람에게 비교적 노리기 쉬운 영역이 될 것이다.

이 책에서 몇 번이고 반복한 이야기지만 여기에서 다시 한번 이 도식을 떠올려 보았으면 한다.

시행 횟수 × 인게이지먼트 = 어텐션

자신의 특기 영역이 아니면 시행 횟수를 늘리기 쉽지 않다. 무리하지 않고 계속할 수 있는 장르를 고르는 것부터 싸움은 이미 시작되었다.

앞으로 기업이 크리에이터로 변하기 위해서는?

결국에는 모든 기업과 비즈니스맨이 크리에이터로 변해갈 것이다.

하지만 지금까지 말한 소셜 네트워크의 유니버스에서는 여러분과 많은 기업 모두 아직 빛을 발하지 못하는 작은 별이다. 지구가 태양 빛이라는 은혜를 받는 것처럼 이미 그 영역에서 빛을 발하는 크리에이터의 힘을 빌리는 것은 전략으로서 전혀 나쁜 일이 아니다.

빛을 발하는 크리에이터들은 시행착오를 거치며 어텐션을 얻고, 그렇게 빛을 발하는 방법을 배워왔기 때문이다. 기업이나 비즈니스맨은 톱 크리에이터와 커뮤니케이션함으로써 3가지 단계에 걸쳐 진화할 수 있다.

법칙 57 대등한 시선으로 크리에이터와 컬래버레이션하는 자세를 취한다

제1단계는 기업이 콘텐츠를 만들 때 크리에이터의 힘을 빌리는 것이다. 여기에서 중요한 것은 그저 일을 부탁하는 자세가 아니라, 크리에이터와 컬래버레이션하는 자세를 취해야 한다는 점이다. 단순히 일을 부탁한다고 생각하면 그저 발주자와 수주자의 관계가 되며, 결국 갑을 관계가 되기 쉽다. '함께 하자'라는 대등한 시선을 가지면 배움은 몇 배나 더 커질 것이다.

인기가 있다는 이유만으로 기업의 성향과 무엇 하나 맞지 않는 크리에이터에게 우리 상품을 소개해달라고 의뢰하는 것은 단순한 부탁이며 컬래버레이션이 아니다. 이럴 때야말로 **'발명보다 발견'의 마인드로 크리에이터의 성향을 이해하고, 크리에이터가 '이 상품이라면 소개하고 싶다. 팔로워들도 분명 기뻐할 것이다'라고 납득할 수 있는 PR을 제안**하자. 그것은 분명 서로에게 좋은 컬래버레이션이 될 것이다.

법칙 58 크리에이티브 디렉터로서 크리에이터에게 서포트를 부탁한다

제2단계에서는 기업이 공개할 콘텐츠를 광고대행사나 제작회사가 아니라 크리에이터의 도움을 받아 제작한다. 여기에서는 **기존 광고대행사가 담당하던 크리에이티브 디렉터의 역할을 크리에이터가 담당**하게 된다.

이런 업무는 원미디어에서도 늘어나고 있다. 예를 들어 스마트폰으로 멋지게 동영상을 찍는 방법을 연구하는 틱톡커와 함께 드라마틱하게 자동차 동영상을 제작해서 토요타의 틱톡 계정에 업로드한 적도 있다.

틱톡의 톤과 매너를 완전히 이해하는 크리에이터와 함께 동영상을 만듦으로써 토요타의 계정이 단순한 기업 계정이 아니라 다른 틱톡커와 마찬가지로 어텐션을 모으는 크리에이터 계정처럼 변하는 효과를 노릴 수 있었다.

법칙 59 기업에 속한 개인이 크리에이터로 성장하는 기회를 부여한다

제2단계를 오래 하다 보면 사내의 크리에이터나 기업 안에 있는 비즈니스맨이 그 방식을 이해하여 자연스럽게 크리에이터로 바뀌게 된다. 이것이 제3단계에 해당한다. 스타트업을 비롯한 '가지지 못한 자'들은 사원이 총출동하여 X나 채용 정보 사이트인 원티들리Wantedly 등에 글을 올리는 일이 많기 때문에 특별하게 신선함을 느끼지 못할지도 모른다.

하지만 일본에서는 아직껏 사원 개개인의 SNS로 회사를 홍보하는 것에 대해 소극적이거나 금지하는 기업도 많다. 그런 회사는 더 빠르게 제3단계에 도달한 회사에 비해 커뮤니케이션 측면에서 차이가 생길 수밖에 없을 것이다.

지금까지의 흐름을 정리하면 다음과 같다.

1 우선 크리에이터가 주체가 되어 기업의 메시지를 공개한다.
2 크리에이터의 서포트를 빌리면서 기업이 주체가 되어 메시지를 공개한다.
3 기업 내에 있는 사람들 자체가 크리에이터가 되어 메시지를 공개한다.

현대의 비즈니스맨들은 반드시 제3단계에 도달하는 것을 목표로 움직여야 한다. 미래는 분명 '그곳'이기 때문이다.

다음에는 앞으로의 숏폼에 빼놓을 수 없는 10가지 키워드에 관해 설명하겠다.

신시대의 스토리 전략 10가지 키워드

앞으로의 숏폼에서 빼놓을 수 없는 10가지 키워드

1	어텐션	**6**	동영상, 라이브, 스토리 기능
2	가상의 적	**7**	추천 기능
3	대변자	**8**	인게이지먼트 레이트
4	콘텐츠 설계	**9**	답글
5	시간 설계	**10**	틱톡 품절 대란

법칙 60 스토리 전략 ① 어텐션

첫 키워드는 어텐션이다. 우선 일본 내 최대의 빈티지 커뮤니티 '빈티지 여자古着女子'[6]를 운영하는 회사 yutori를 예로 들면서 어텐션을 모으기 위한 구체적인 대책을 살펴보자.

2020년 7월, 일본 최대 패션 쇼핑몰인 ZOZO가 yutori와 자본과 업무 등을 제휴한 것이 인터넷 쇼핑몰과 D2C 업계의 주목을 모았다. yutori의 비즈니스는 그야말로 어텐션을 획득하여 스몰 비즈니스를 급성장시킨 좋은 예다.

yutori의 혁신적인 비즈니스 모델

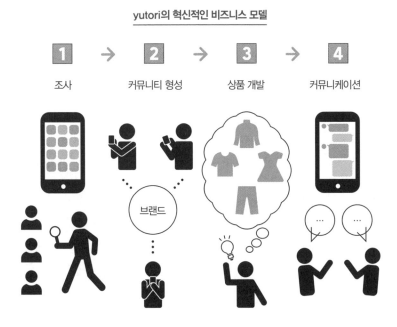

6 https://www.instagram.com/furuzyo/

그렇다면 yutori의 무엇이 혁신적이었을까?

기존의 어패럴 브랜드는 우선 브랜드를 만든 후 그것을 마케팅하고 커뮤니케이션하는 순서로 사업을 했다. 하지만 yutori의 경우에는 완전히 반대였다. 처음에 인스타그램으로 커뮤니티 '빈티지 여자'를 만든 후 그 커뮤니티에 관한 브랜드를 만들고 상품을 파는 순서로 대성공을 거두었다.

기존의 ① 조사, ② 상품 개발, ③ 커뮤니케이션, ④ 커뮤니티 형성이라는 흐름이 아니라 **① 조사, ② 커뮤니티 형성, ③ 상품 개발, ④ 커뮤니케이션**의 순서다. 이 마케팅의 흐름은 SNS 크리에이터가 직접 상품을 만들거나 서비스를 만들 때와 완전히 같으며, 브랜드 설립이 매우 빠르다는 장점이 있다. 그것을 어패럴 브랜드에서 실천한 것이 yutori였다.

yutori의 창업자인 가타이시 다카노리는 빈티지로 코디한 여성의 사진이 인스타그램에 많이 올라와 있는 것을 '발견'했다. 기타이시도 빈티지를 좋아했고, 시모키타자와下北沢에서 빈티지를 좋아하는 여성을 자주 마주쳤다고 한다. 그러다 보니 그녀들을 모으는 커뮤니티를 만들고 싶다고 생각하여 '빈티지 여자' 계정(@furuzyo)과 '#빈티지여자#フルジョ'라는 해시태그를 인스타그램에 올렸다.

가타이시는 계정의 인기를 높이기 위해 인스타그램에서 빈티지 코디를 업로드하는 여성에게 닥치는 대로 DM을 보내서 사진의 사용이나 리그램의 허가를 받아 계정에 올리기 시작했다. 점차 '빈티지 여자'는 빈티지를 좋아하는 사용자 사이에서 화제를 얻었고, 팔로워 수가 늘어났다.

그러자 이번에는 빈티지를 좋아하는 사람들 사이에서 '빈티지 여자 계정에 실리고 싶다'라는 사람이 늘어나는 역전 현상이 생겨났다. 사용자가 멘션

mention을 달며 '제 사진을 실어주세요'라고 어필하는 계정, 즉 콘텐츠를 제공받는 계정이 된 것이다. 인스타그램의 '빈티지 여자' 계정에서는 일부러 얼굴이 보이지 않도록 여성의 사진을 촬영, 편집한다. 그렇게 패션 자체에만 흥미가 가는 순도 높은 커뮤니티를 만든 것이다. 팔로워 수가 수십만 명에 달하자, 만반의 준비를 가해 커뮤니티가 바라는 옷을 만들어 판매하기 시작했고, 단번에 어패럴 브랜드의 가치 상승에 성공했다. 이 수법이 높은 평가를 받았고, ZOZO 그룹에 들어가게 되었다.

기존의 어패럴 브랜드에서는 사전 조사를 거친 후 '여기에 니즈가 있을 것 같다'라고 생각하면 일단 상품 제조부터 시작했을 것이다. 하지만 그것이 아니라 **무언가를 바라는 사람들을 먼저 모아서 그 커뮤니티의 열기를 높인 후 '이런 것이 필요하다'라는 커뮤니티의 목소리가 굳어졌을 때 상품을 개발**한다. 바꿔 말하면 사용자의 어텐션이 모여 가장 열기가 높아진 장소를 SNS를 통해 가시화할 수 있게 되었고, 그곳을 타깃으로 삼아 상품과 서비스를 제공하는 것이 가능해지게 되었다.

법칙 61 좋아하는 것이 한 장의 사진에 담기도록 설계한다

'히키니쿠토코메挽肉と米'라는 지금 엄청난 인기를 끄는 음식점이 있다. '야마모토의 햄버그山本のハンバーグ' 창업자인 야마모토 쇼헤이山本 昇平가 만든 새로운 브랜드다.

히키니쿠토코메의 메뉴는 그 이름대로 히키니쿠(다진 고기, 즉 햄버그스테이크)와 갓 지은 밥밖에 없다. 이처럼 메뉴를 전문화하여 하나로 좁힌 음식점은 과거에는 유행하지 못한다고 여겨졌다. 음식점이란 당연히 다양한 메뉴를 먹을 수 있어야 하며 인터넷 사이트에서 좋은 평가를 받아야 한다는 것이 지금까지의 흐름이었다.

하지만 히키니쿠토코메는 밥그릇에 담은 흰 쌀밥 위에 햄버그스테이크를 올린다는 돌직구 비주얼로 입소문을 불러일으켰고, 대기표를 배포하는 방식으로 기다리는 줄을 의도적으로 만듦으로써 인기 식당이 되었다.

시즈오카 출신인 필자가 볼 때 히키니쿠토코메 붐이 일기 전에는 '숯불 레스토랑 사와야카炭焼きレストランさわやか'의 붐이 있었다고 생각한다. 사와야카는 도카이 지방에서 만들어진 햄버그스테이크 패밀리 레스토랑으로, 지금은 2~3시간쯤 기다리는 것이 당연시되고 있지만 필자가 중학생일 무렵에는 국도변에 당연한 것처럼 존재하는 가게로, 대기 줄 같은 것은 본 적이 없었다.

유명해진 이후 오랜만에 찾아가 봤지만, 맛은 당시와 전혀 달라지지 않았다. 이렇게 사와야카가 유명해진 것은 명백히 SNS의 영향이다. 사와야카의 특징은 동그란 주먹밥 모양의 햄버그스테이크를 점원이 테이블에서 잘라주는 퍼포먼스가 있다는 점이다. 이것이 인스타 감성과 틱톡 감성에 매우 적합했기에 게시물을 본 사람들이 가게를 방문하게 되는 계기가 생겨난 것이다.

이러한 예는 인스타 감성이나 틱톡 감성, 즉 비주얼 콘텐츠로서 좋은 부분을 재현하고자 도전하면, 새로운 브랜드여도 단번에 어텐션을 모을 수 있다는 점을 시사한다.

밥그릇 안에 흰쌀밥, 햄버그스테이크, 달걀(노른자)이라는 모두가 좋아하는 3가지가 담겨 있는 것이 히키니쿠토코메의 비주얼이다. 이것은 스마트폰의 정사각형, 혹은 세로 형태의 프레임과 무척 궁합이 좋다.

일반적으로 햄버그스테이크 세트를 파는 대다수 가게에서는 밥과 샐러드를 별도의 그릇에 제공하는데, 이는 SNS에 예쁘게 찍어 올리기가 어렵다. 하지만 히키니쿠토코메에서는 **모든 것이 한 장의 사진에 담기도록 의도적으로 설계**되어 있다. 이것이 인기의 비결이 아닐까 싶다.

법칙 62 '이렇게 찍으면 좋다'는 교과서적인 게시물을 사용자는 추종한다

'Mr. CHEESECAKE'라는 온라인 판매 전용 치즈케이크 전문점도 같은 방식을 이용한 사례로 꼽을 수 있다. 처음에 Mr. CHEESECAKE는 재기 넘치는 프렌치 셰프 다무라 고지의 팬을 통해 입소문이 퍼졌지만, SNS에는 좀처럼 사진이 올라오지 않았다. 직사각형의 심플한 외관이었기에 다들 좀처럼 예쁘게 사진을 찍기가 쉽지 않다고 여겼던 것이다.

그래서 운영자 측이 '이런 식으로 사진을 찍으면 예쁘게 찍힌다'는 견본을 인스타그램에 올렸다. 그것은 치즈케이크를 스푼과 포크로 한입 사이즈만큼 잘라 놓은 후 그릇 위에서 내려다보는 구도의 이미지였는데, 그것을 모두가 따라하면서 단번에 유명해졌다. 히키니쿠토코메와 Mr. CHEESECAKE의 사례에서는 콘텐츠를 만드는 방법의 규칙이 달라졌다는 점도 살펴볼 수 있다.

예전이었다면 밀크 크라운(우유의 표면 등에 생기는 왕관 형태의 방사형 무늬)이나 맥주 거품으로 대표되는 것처럼 압도적인 시즐sizle [7]감이 감도는 결과

---

7 **옮긴이_** 소리, 비주얼 등 모든 수단을 동원해 사람의 오감을 자극하는 것을 뜻한다.

물, 즉 프로가 아니면 만들 수 없던 콘텐츠가 브랜딩에 크게 공헌했다. 하지만 지금은 '모두가 흉내 낼 수 있는 것'이 콘텐츠의 목표가 되고 있다. 누구든 스마트폰 카메라로 흉내를 낼 수 있고, 업로드하고 싶을 법한 제품을 만드는 것이 히트가 되는 비결이 되었다.

유코스도 'Chu's me'라는 콘택트렌즈 브랜드를 만들 때, 렌즈를 제조하는 기업에 협업 조건으로서 패키지를 정사각형으로 만들어달라고 요구했다고 한다. 유코스가 이것을 양보할 수 없는 조건으로 삼은 이유는 기존의 직사각형 패키지는 스마트폰의 화각에 넣기 힘들기 때문이었다. 사용자가 인스타그램에 사진을 올릴 때, 인기×콘택트렌즈라는 그녀의 세계관을 표현하기 위해서는 반드시 정사각형이어야만 했다.

이처럼 **상품의 패키지 디자인이나 가게에서의 체험도 'SNS로 어텐션을 어떻게 사로잡을까'라는 최종 목적에 최적화된 콘텐츠가 된다.** 나아가 그것을 모두가 흉내 낼 수 있는지 아닌지도 의식해야 하는 시대가 되었다. 반대로 말하면, 그것을 의식하면 무명 브랜드나 새로운 상품이더라도 충분히 어텐션을 모을 기회가 있다는 말이 된다.

법칙63 스토리 전략 ② 가상의 적: 역설적으로 정열적인 팬을 손에 넣는다

어텐션을 만들어내려면 그것이 새롭고 눈길을 끄는 존재여야 한다는 점은 근본적인 규칙임과 동시에 중요한 조건이다. 이것을 뒤집어 말하면 왕도나 정석이라고 불리는 지위를 이미 다른 상품이나 사람이 획득하고 있다는 말이다. 새롭게 눈길을 끄는 존재가 되기 위해서는 왕도나 정석에 대한 일종의 안티테제, 즉 반격을 가하는 존재가 되어야 한다.

만약 앞으로 SNS를 통해 새롭게 무언가를 하고자 한다면 여러분의 가상의
적이 무엇인지 생각해봐야 한다. 필자는 이것을 직원에게 설명할 때, 종종
소스 오브 비즈니스source of business[8]라는 표현을 사용한다. 여러분이 하려고
하는 것이 무엇이든 간에 그곳에 돈이나 시간을 쏟아붓듯이 쓰는 것이 아
니라, 이미 사용되는 것을 빼앗아야만 한다는 말이다. 그것이 어떤 것인지
판별하여 그에 맞는 콘텐츠를 설계하는 것이 중요하다.

전 레페젠 지구(현 Repezen Foxx)의 DJ샤초는 "컴닷コムドット의 팬은 전부
우리의 팬이었다"라고 이야기한 적 있다.[9] 그의 말대로 사실 컴닷이 크게
성장한 것은 레페젠 지구가 활동을 멈춘 시기였다. 컴닷은 레페젠 지구의
지역 밀착 개그나 지역 사람들과 함께 즐겁게 방송을 꾸며 나가는 분위기
를 그대로 답습하고 있다. 하지만 레페젠 지구처럼 유튜브의 커뮤니티 가
이드라인을 과도하게 일탈하는 동영상은 만들지 않았고, 채널이 정지되거
나 폐쇄된 적도 없다. 소스 오브 비즈니스로서 계승한 부분과 안티테제로서 차별
화한 부분을 나누어 콘텐츠를 만듦으로써 당시의 컴닷은 레페젠 지구의 어텐
션을 빼앗는 것에 성공했다.

필자가 동영상 비즈니스를 시작할 때 생각한 것도 동영상에 사용할 수 있
는 돈이나 시간을 가지고 있는 '가상의 적'이라는 존재였다. 당시 동영상이
TV 광고의 압도적인 도달률을 이길 만한 요소는 거의 없었다. 따라서 TV
광고는 가상의 적으로는 마땅하지 않았다. 그렇다면 기업이 특설 웹사이트

---

8 비즈니스 활동에서 수익의 주요 원천이 되는 요소나 출처를 말한다.

9 옮긴이_ 레페젠 지구(https://www.youtube.com/@RepezenFoxx)와 컴닷(https://www.youtube.
    com/@comdot) 모두 유튜브를 중심으로 활약하는 집단으로, 지역 밀착 콘텐츠를 선보였다는 점에서 유
    사점이 있다.

나 소책자로 행하는 광고 활동은 어떨까? 책자나 온드 미디어owned media가 가진 설명하는 역할은 동영상으로 대신할 수 있으며, 비주얼의 힘으로 더 깊게 전달한다는 동영상의 장점도 활용할 수 있다. 유통 관점에서 봐도 애초에 배부하지 않으면 안 되는 소책자나 URL을 클릭하여 방문을 유도해야 하는 온드 미디어보다 처음부터 SNS로 공개하는 동영상 쪽이 유리하다.

따라서 필자는 특설 웹사이트나 소책자의 텍스트 콘텐츠를 가상의 적으로 삼았다. 그에 대응하는 반격으로서 "지금은 텍스트보다 비주얼의 시대입니다. 동영상 쪽이 잘 전달됩니다"라고 이야기함으로써 점차 클라이언트를 얻을 수 있었다.

계승하는 부분이 전혀 없다면 소스 오브 비즈니스는 획득할 수 없다. 자신이 싸우고자 하는 시장을 정하고, 그 시장 안의 중요한 부분을 계승하면서 대항마로서의 혁신성을 내세워야 한다. **답습과 혁신의 균형을 생각하고 그것을 콘텐츠로 명확히 드러내는 것이 중요**하다.

법칙 64 스토리 전략 ③ 대변자

이번 장의 서두에서 필자는 톱 크리에이터의 힘으로 열광력, 시행력, 지속력 3가지를 꼽았다. 이 힘을 키우면서 동시에 자신이 만들어낸 커뮤니티에 공헌하고 싶다는 강한 마음이 콘텐츠에 배어 나오는 사람, 즉 커뮤니티의 대변자를 목표로 삼는 것도 크리에이터로서 돋보이기 위한 효과적인 전략이다.

필자는 '동영상의 교주'라는 포지션을 취하고 있으므로 크리에이터가 되고 싶다는 사람들에게 자주 상담 요청을 받는다. 다수는 '이미 모델이나 아이돌 같은 활동을 하고 있는데, SNS에서의 존재감을 높이고 싶다'라거나 '유튜브 채널 구독자 수가 늘어났으면 좋겠다'라는 식의 조금 가벼운 느낌의 상담이다.

필자는 이럴 때, '전하고 싶은 주제가 뭡니까?'라고 반드시 질문한다. 그러면 모두 머리에 물음표를 떠올리며 '······어, 그러니까 카페 투어 같은 거······?'라고 중얼거린다. 이와 같은 케이스가 너무 많으므로 필자는 이것을 '크리에이터 워너비의 카페 투어병'이라고 이름 붙였다.

다들 카페에 가는 것을 좋아하기도 하고, SNS에서 카페에 갔다 왔다는 게시물을 자주 보다 보니, 카페 투어에 관한 콘텐츠를 올리는 것이 효과적일지도 모른다고 생각한다. 하지만 그것만으로는 소셜 리스닝의 선명도가 너무 조잡하다.

예를 들어 여러분이 엄청나게 커피를 좋아하는 사람이며, 연간 300곳 이상의 카페에 가서 다양한 가게를 예리하게 관찰하고 정리하여 원두의 산지별 맛이나 그라인딩 방법, 로스팅 상태 등을 데이터로 만들고 있다면 커피와 카페를 테마로 한 크리에이터가 될 수 있을지도 모른다. 그것이 홍차이든 팬케이크이든 과일 샌드위치이든 이런 열정이 있다면 가능할 것이다.

하지만 많은 경우, 그저 별생각도 없이 세련된 카페에 가서 큰 고민 없이 달콤한 음료를 먹고 돌아오고 싶다는 식의 아무런 노력도 하지 않는, 단순히 카페 투어로 끝날 정도로는 아무도 여러분의 활동을 보고 응원하지 않는다. 가령 응원하는 사람이 있다고 해도 원래부터 여러분에게 흥미가 있던 사람뿐일 것이다. 새롭게 얻을 수 있는 것은 과도한 탄수화물과 몸에 쌓이는 지방뿐이다. 이건 너무 슬픈 일 아닌가.

그래서는 안 된다. 크리에이터를 목표로 삼았다면 토픽을 제대로 추구하고, 커피나 홍차나 팬케이크를 사랑하는 커뮤니티 사람들의 리더가 되는 것을 목표로 삼기 바란다. 이것이 전술한 KOL이자, 퍼스널 어텐션을 낳는 포인트다.

세상에는 다양한 커뮤니티가 존재한다. **각 커뮤니티에 속하는 사람의 시야를 높이거나 새로운 발견을 하게 하거나 논의를 활성화할 수 있는 콘텐츠를 전달함으로써 여러분은 커뮤니티의 KOL이 되고 '대변자'가 된다.** 그러므로 여러분의 정보에는 가치, 즉 어텐션이 감돌게 된다.

그렇게 되면 매력적인 카페의 프로모션에 협력함으로써 대가를 받을 수 있을지도 모르고, 커피를 좋아하는 마음이 더욱 커진 나머지 직접 커피 원두의 산지에 가서 농가와 계약하고 오리지널 원두를 팔게 될지도 모른다. 그러다 새롭게 카페를 열고 발표하면 지금까지 여러분의 콘텐츠에 주목하던 사람들이 반드시 손님으로서 방문할 것이다.

하지만 자신이 열광하는 토픽이라는 축을 가지지 못하고 대변자로서의 책임도 담당하지 않은 채 그저 카페 투어만 한다면 어떤 미래도 달성할 수 없을 것이다. 카페 투어로 밥을 벌어먹을 수 있다고 생각하지 말자. 세상은 그렇게 무르지 않다.

법칙 65 스토리 전략 ④ 콘텐츠 설계

숏폼의 콘텐츠 설계에는 6가지 단계가 있다. SNS나 숏폼은 유행의 변화가 매우 빠르다. 과거였다면 콘텐츠를 만들어낼 때 3개월 정도의 기획 단계를 거쳐 3개월 동안 제작했다. 즉 킥 오프 이후 보통 6개월 정도 지난 후에 런칭했다.

숏폼 콘텐츠 설계의 6가지 단계

1	**리서치**	'발명보다 발견'을 3일 정도에 걸쳐 행한다.
2	**방침 설정**	타깃의 핵심이나 과제가 무엇인지를 찾는다.
3	**방안 검토**	방침을 어떤 방식으로 실현할지를 검토한다.
4	**제작**	구성 → 촬영 → 편집의 흐름으로 스피디하게 만든다.
5	**여백 만들기**	커뮤니티를 활성화하는 씨앗을 뿌린다.
6	**효과 검증**	인게이지먼트 레이트를 확인 후, 고속 PDCA를 돌린다.

하지만 요즘에는 **오늘 하려고 생각한 콘텐츠는 늦어도 다음 달에는 나와야 한다.** 따라서 원미디어에서는 우선 소셜 리스닝, 즉 '발명보다 발견'을 3일 정도에 걸쳐 행한다. 그동안 주로 다음의 3가지 요소를 발견해야 한다.

- 대상으로 삼은 토픽에서 축이 되는 해시태그
- 그 해시태그를 구성하는 커뮤니티의 속성
- 그 커뮤니티를 뒷받침하는 중심 인물이나 크리에이터(KOL)

법칙 66 댓글창이 게시판처럼 변할 수 있게끔 방침을 설정한다

이들을 바탕으로 다음 단계인 방침 설정으로 나아간다. 토픽의 축이 되는 해시태그를 확인하고 그 커뮤니티에서 어떤 대화를 하는지 관찰하자. **인기**

동영상의 댓글창은 마치 게시판처럼 변해 있으며, 커뮤니티의 의견 교환이 활발하게 이루어진다. 또한 뛰어난 KOL에게는 반드시 좋은 의견을 가진 팔로워가 있는 법이다. 그것들을 추출하면서 타깃의 핵심이나 과제가 무엇인지를 찾는다.

여기까지 정보가 갖추어지면 어떤 해시태그로 어떤 커뮤니티에 대해 어떤 크리에이터와 함께 콘텐츠를 제공해야 할지에 관한 방침이 정해질 것이다.

법칙 67 커뮤니티의 흐름을 파악하고 최적의 방안을 검토한다

방침이 정해지면 다음은 그것을 실현하기 가장 좋은 방안을 검토하자. 크리에이터가 심플하게 동영상을 만들까? 아니면 그 커뮤니티를 끌어들여 모두가 동영상을 올리기 쉽게끔 이펙트를 만들까? 아니면 노래까지 만들어 댄스를 따라 하게 할까? 크리에이터가 가진 커뮤니티의 성향을 의식하여 목적과 그것을 구성하는 요소를 제대로 정리해야 한다.

법칙 68 글자 콘티로 스피디하게 제작한다

다음의 제작 단계에서는 기본적으로 크리에이터가 구성을 생각한다. 과거에는 광고대행사의 플래너나 크리에이티브 디렉터가 하던 일이지만, 원미디어에서는 크리에이터에게 오리엔테이션을 하고 그들이 이것을 담당하게 한다.

기존의 TV 광고라면 그림 콘티가 필수였지만, 이와 같은 경우에서는 글자 콘티로도 가능하다. 숏폼의 주역은 크리에이터 자신이며, 만들고 싶은 그림도 크리에이터가 하루하루 쌓아 올려 왔기 때문이다. 따라서 누구나 곧장 완성 이미지를 상상할 수 있다. 문자로 '이런 느낌의 구성으로 하겠습니다'라고 쓰는 것뿐이므로 시간도 그다지 필요하지 않다. 빠른 속도로 글자 콘티가 만들어지고, 관계자의 승인을 받으면 대개 일주일 이내에는 동영상을 촬영할 수 있다.

촬영 후에는 보통 크리에이터가 동영상을 편집하는데, 그들에게는 평소에 자신이 만드는 콘텐츠 포맷이 있으므로 편집도 비교적 빠르다. 나머지는 그것을 어떤 타이밍에 공개할 것인지 유통에 초점을 맞추면 된다.

법칙 69 커뮤니티를 활성화시키는 여백을 남겨둔다

제작의 포인트로서 인게이지먼트를 높이기 위해 의식해야 하는 것은 여백의 중요성이다. 어떻게 대화를 끌어낼지 생각하고, 너무 빡빡하지 않게 여백을 만든다. **수용자(커뮤니티)가 반응하여 서로 대화하거나 스스로 흉내를 내서 동영상을 올리는 등의 움직임이 생겨나도록** 유도하는 것이다. 뛰어난 크리에이터는 자신의 동영상을 어떤 식으로 만들면 그것을 본 사람이 인게이지먼트 할지 숙지하고 있다.

이전에 Yahoo! 마트의 의뢰로 주요 SNS의 팔로워 총수가 200만 명이 넘는(2023년 7월 시점) '네오 무직'이라는 별명의 인기 크리에이터인 사카무라 웃케酒村 ゆっけ[10]와 컬래버레이션한 적이 있다. 그녀의 동영상 속 여백은 인상적이었다. 그 동영상은 홀로 자취하는 일상을 보여주면서 집에서 한 발짝도 나가지 않아도 일용품이 도착하는 Yahoo! 마트의 편리성을 그린 것이

---

10 https://www.youtube.com/@yukke_SAKE

었다. 하지만 단순히 이것만으로는 커뮤니티의 대화가 생겨나지 않는다.

이 동영상의 마지막인 '화장지가 떨어져서 큰일 났어'라는 장면에서 "정원에서 텐트 숙박하는 사촌의 도움을 받아 세컨드 임팩트를 견뎌냈다"라는 수수께끼의 문구가 등장한다. 글자 콘티를 읽는 것만으로는 의미를 알 수 없지만, 완성된 동영상에서는 이 문구 덕에 화장지 에피소드가 시선을 끌어 '정원에서 텐트 숙박하는 사촌? 도대체 무슨 말이야?' 같은 댓글이 달렸다. 이처럼 그림 콘티나 글자 콘티로 표현하기 어려운 여백을 제대로 시각화해서 결과에 반영할 수 있다는 점이 SNS 크리에이터의 대단한 부분이다.

아마도 세컨드 임팩트라는 대목은 대다수 사람으로서는 의미를 알 수 없을 것이다. 하지만 시청자들이 '세컨트 임팩트가 뭐야?'라는 딴죽을 걸면서 커뮤니티에 대화가 생겨나고, 이야기가 돌고 돈 결과 'Yahoo! 마트는 편리하구나'라는 공감으로 이어진다.

틱톡에서 인게이지먼트를 높이기 위해서는 이와 같은 **딴죽을 걸 만한 부분과 모두가 댓글을 달고 싶어지는 여백을 만드는 것**이 매우 중요하다.

법칙 70 효과 검증에서는 인게이지먼트 레이트를 확인한다

콘텐츠 설계의 최종 단계는 효과 검증이다. 지표로 볼 때 앞에서도 다룬 것처럼 동영상의 재생 횟수뿐만 아니라 **그 동영상이 어느 정도의 인게이지먼트를 발생시켰는지**를 중시해야 한다. 인게이지먼트 레이트를 높일 수 있다면 그 동영상은 더 많은 도달률을 만들 수 있기 때문이다.

기업 활동이나 제작 활동에서의 커뮤니케이션에서는 '얼마만큼의 열광도를 빚어낼 수 있는가'가 열쇠가 된다. 시청자의 반응은 곧장 알 수 있으므로 기본적으로 인게이지먼트 레이트는 하루 단위로 측정하고 PDCA 사이클도 매일 돌리도록 하자.

숏폼과 같은 콘텐츠는 플로형이라고 불리는 것처럼 피드를 흘려보내는 것이 특징이다. 유튜브 같은 롱폼 동영상은 과거의 동영상이어도 어떤 계기로 인기를 끄는 경우도 있지만, 그것은 유튜브의 롱폼 동영상이 스톡형 콘텐츠이기 때문이다.

한편 숏폼의 세계는 동영상이 업로드된 타이밍이 전부다. 그 **일정 시간 내에 인게이지먼트를 축적하고, 추천 엔진의 인정을 받아 추천 피드에 올라가지 않는 한, 그 동영상이 향후 인기를 끌게 될 가능성은 거의 없다.** 그렇게 생각하면 PDCA를 돌리는 타이밍은 기본적으로 하루, 혹은 동영상을 업로드하고 수 시간 후라고 생각해야 한다.

다만 이것은 오가닉 방식으로 콘텐츠를 올리는 경우다. 틱톡과 유튜브 쇼츠 모두, 광고비를 써서 동영상을 홍보하는 기능이 있다. 홍보 기능을 사용하는 경우에는 자신들의 콘텐츠가 어떤 사용자층에게 통하는지를 3일 정도 단위로 파악해야 한다.

애초에 동영상을 홍보한다는 말은 해당 크리에이터나 동영상을 잘 모르는 사람에게 정보를 전하기 위해 추가 비용을 들인다는 말이다. 돈으로 도달률을 사고, 구매한 도달률로 적절하게 인게이지먼트를 획득할 수 있다면 그 방식을 확대 재생산하면 된다.

다만 하나의 콘텐츠로 인게이지먼트를 효과적으로 검증할 수 없다. **최소 3편 이상의 콘텐츠로 비교, 검증**하지 않으면 그 접근법이 올바른지 어떤지 판단할 수 없다. 숏폼의 세계에서는 TV 광고는 물론이고 롱폼 동영상보다도 더 많은 동영상을 만들어 최대한 많이 시험해보는 것이 중요하다.

그렇다면 다음으로 숏폼으로 PDCA를 돌릴 때 알아야 할 동영상을 구성하는 4가지 요소에 관해 알아보자. 시청자에게 닿을 수 있는 동영상을 만들려면 숏폼을 체험할 필요가 있다. 만약 여러분이 평소 숏폼에 익숙하지 않은 상태라면, 우선 틱톡이나 유튜브 쇼츠의 피드에 접속해보기를 바란다.

피드에는 여러분(사용자)의 흥미에 맞춰서 추천 시스템이 엄선한 추천 동영상이 나열된다. 사용자는 피드에 손가락을 올리고 세로 방향으로 손가락을 고속으로 스와이프한다. 그 움직임은 사용자가 손가락을 멈출 때, 즉 순간적으로 조금 더 보고 싶다고 생각하는 동영상이 나올 때까지 계속된다. 이 속도감을 인지한 채로 더 많은 사용자가 손가락을 멈추는 동영상 설계를 이해한다면 여러분이 만드는 동영상이 인게이지먼트를 획득할 가능성은 높아질 것이다.

그럼 지금부터는 동영상을 훅hook, 인트로intro, 바디body, 엔딩ending이라는 4가지 블록으로 나눠서 숏폼의 구성과 시간 설계를 생각해보자.

법칙 71 스토리 전략 ⑤ 훅: 개시 직후 시선을 끄는 속도감이 중요하다

숏폼의 특징 중 하나는 4가지 블록 중에서도 특히 훅의 중요성이 높다는 것이다. 훅에서 중요한 것은 **개시 0.1초 만에 눈길을 끄는 비주얼, 그리고 2초 안에 자신이 어떤 사람인지를 나타내는 것**이다. 인간이 자동판매기로 어떤 상품을 사기까지 결정하는 시간은 약 2초라고 한다. 이것은 유튜브 동영상도 마찬가지로, 필자도 최초의 2초 안에 '눈과 손가락'을 멈추게 할 훅을 만드는 것이 중요하다고 매번 말했다.

숏폼을 구성하는 4가지 요소

1 훅	개시 후 0.1초에 시선을 끄는 비주얼, 2초까지 자기소개
2 인트로	6초까지 동영상의 요지를 설명
3 바디	'아이템 토픽', '음악', '내레이션', '해시태그'를 의식
4 엔딩	댓글을 유발하는 여백을 도입

숏폼에서는 더욱 그 속도감이 증가했고, 2초는커녕 0.1초의 '최초 임팩트'가 승부를 가른다. 0.1초라면 텍스트를 읽을 시간도 말을 들을 시간도 없다. 그렇다면 무엇이 중요할까? 그것은 바로 맨 처음 눈에 들어오는 비주얼이다. 0.1초 만에 눈길을 끄는 비주얼에는 다음 3가지 요소가 필요하다.

- 크리에이터의 얼굴이 나올 것
- 자막으로 그 동영상의 테마를 전할 것
- 동영상의 주제인 아이템이나 이슈를 알기 쉽게 전달할 것

이것을 해냈다면 다음은 2초 이내에 크리에이터가 자기소개를 해야 한다. 틱톡에서 급속도로 인기를 끌게 된 크리에이터는 누구든 2초 이내에 자기가 어떤 사람인지를 드러낸다('매달 지출 절반을 화장품에 쓰는 여자', '나는 부자의 비서' 등).

여기에서 우선 손가락을 멈추게 하는 것이 무엇보다 중요하다. 내용이 제아무리 뛰어나더라도 화면을 보게끔 만들지 못하면 의미가 없는 인터넷 기사와 같아져 버린다. 즉 사용자가 손가락을 멈추지 않으면 슬프지만 여러

분의 동영상은 존재하지 않는 것과 마찬가지라는 이야기다.

법칙 72 인트로: 사용자를 본편으로 이끄는 동영상의 요점을 전하는 법

다음의 인트로 파트에서는 **대개 6초까지를 기준으로 삼아서 이것이 어떤 동영상인지 간결하게 설명한다**('○○에 대해 설명합니다', '오늘은 ○○을 해봅시다' 등). 숏폼은 훅에서 인트로까지 유튜브의 롱폼 동영상보다 체감상 1.5배 정도 압축되어 있으며, 기존보다 훨씬 빠르게 속도감이 변한 상태다. 인트로까지 다 본 사람은 그 시점에 동영상의 뒷부분을 볼지 말지 판단하지만, 눈길을 끄는 자막이나 기분 좋은 속도감이 느껴진다면 그대로 계속 뒤를 볼 것이다. 따라서 동영상의 요점을 매력적으로 표현할 수 있어야 한다.

법칙 73 바디: 4가지 필수 요소로 동영상의 완성도가 정해진다

훅, 인트로, 바디로 '누가 무엇을 어떻게 하는지'를 나타내는 것이 숏폼의 이론이라고 치면, 그야말로 '어떻게 할지how'가 바디에 해당한다.

바디는 숏폼의 다양한 문법을 준수해야 하며 **아이템 토픽, 음악, 내레이션, 해시태그와 같은 요소 선정이 중요**하다. 숏폼에서는 자신이 하고 싶은 것보다 동영상의 문법을 의식하여 선정할 필요가 있기 때문이다.

예를 들어 유튜브에서 소개하는 화장품과 틱톡에서 소개하는 화장품은 사실 아이템 토픽의 경향이 크게 다르다. 틱톡에서는 유튜브보다 시즐감이 중요하며, 컬러 베리에이션이나 질감 차이(수분감, 광택감, 반짝임)가 있고, 보는 것만으로 기분이 좋아지는 아이템이 매우 인기 있다. 한편, 가성비가 뛰어난 제품이더라도 스테디셀러 등 모두가 알고 있어서 새롭거나 놀라기 어려운 아이템은 인기를 끌지 못할 때가 많다. 이 원칙은 화장품이 아니더라도 마찬가지이므로 다양한 것에 맞춰 생각할 수 있다. 숏폼의 세계에서는 시각을 통한 직접적인 즐거움과 놀라움을 더 많이 요구한다는 이야기다.

다음으로 음악은 트렌디해야 한다. 모두가 자주 듣는 익숙한 음악이나 아예 모르는 음악보다 들어본 적 있는 음악을 고르면 콘텐츠의 내용과 관계없이 스킵하는 사람이 줄어든다. 틱톡에서는 동영상을 보고 관심이 가는 노래를 즐겨찾기하는 기능이 있는데, 인기 있는 곡은 즐겨찾기에 쉽게 저장할 수 있다는 큰 장점이 있다.

다음으로 내레이션의 경우, 조금 빠른 말투가 틱톡에 어울린다. 유튜브나 인스타그램보다 빠른 속도감을 추천한다. 이것은 편집을 통해 빠르게 만들어도 좋고 내레이션을 넣기 어려운 경우에는 틱톡에 어울리는 자막을 까는 방법도 인기가 있다.

마지막으로 해시태그에 관해 생각해보자. 숏폼은 인기 있는 장르별로 해시태그가 존재한다. 틱톡에서는 해시태그의 재생 횟수를 알 수 있으므로 자기가 관심이 있는 장르의 동영상에 달린 해시태그를 조사하여 어떤 해시태그가 많이 업로드되어 있는지(해시태그 볼륨) 확인한다. 그리고 어느 정도 많이 쓰이는 해시태그를 찾아내 그 해시태그에는 어떤 동영상이 있는지 연구한 후 거기에서 벗어나지 않는 표현을 찾아 동영상을 만들자.

법칙 74 엔딩: 시청자가 참여하고 싶어지는 빈틈과 분위기를 연출한다

엔딩에서는 시청자에게 댓글을 유발하는 질문, 즉 여백을 만드는 것이 중요하다. 이것은 틱톡의 추천 엔진과 큰 관련이 있다. 자세한 것은 나중에 이야기하겠지만 추천 엔진은 인게이지먼트, 즉 시청 시간이나 '좋아요', 댓글 수를 얼마만큼 획득했는지를 기준으로 더욱 많은 사용자의 타임라인에 표시하는 추천 콘텐츠를 결정한다. 특히 굳이 시간을 써서 달아야 하는 댓글이 다른 동영상보다 많이 달린 동영상은 높게 평가받는 경향이 있다. 따라서 보는 사람이 무언가 한마디를 하고 싶어지는 질문, 즉 여백을 만드는 것을 의식하고 엔딩을 만들어야 한다.

자, 지금까지 동영상을 훅, 인트로, 바디, 엔딩이라는 4가지 블록으로 나누어 숏폼에서 효과적인 콘텐츠 구성과 시간 설계에 대해 생각해봤다. 콘텐츠를 만들 때 한 번에 제작하려고 하면 조금 압박감을 느낄 수도 있다. 판단이 고민될 때도 있을 것이다. 하지만 블록으로 나눠서 최적의 방식을 하나씩 검토한다면 논리적으로 사고를 정리할 수 있으며, 결과적으로 뛰어난 동영상을 만들 수 있을 것이다.

이를 바탕으로 지금부터는 틱톡에서 동영상을 공개하는 3가지 방법에 대해 살펴보기로 하자.

법칙 75 스토리 전략 ⑥ 동영상, 라이브, 스토리 기능

틱톡 계정의 콘텐츠는 동영상, 라이브, 스토리 기능으로 나뉘어 있다. 메인 콘텐츠라고 볼 수 있는 동영상은 최소 일주일에 2개 이상의 업로드를 목표로 하자.

하지만 이는 최소한의 이야기이므로, 계정을 키우는 단계에서는 기본적으로 매일 업로드하며 PDCA를 돌리는 것이 중요하다. 그 점을 잊어서는 안 된다. 또한 최대 3개의 동영상까지 자신의 계정 가장 위에 고정해서 표시하는 핀 고정이 가능하므로, 3개의 동영상에는 계정이나 크리에이터의 장점을 나타내는 동영상을 고정해두는 것이 좋다.

다음으로 **라이브는 다른 동영상과 마찬가지로 추천 피드에 올라오기 때문에 팔로워 이외의 신규 팬과 이어지는 커다란 유입원이 된다.** 라이브 기능을 이용하려면 일정 팔로워 수가 필요하다. 그 수는 비공개지만, 처음에는 2천 명이 기준이었다. 하지만 지금은 그 허들이 점점 낮아지고 있으며 300~500명 전후라는 이야기도 있다(2023년 2월 시점). 다른 틱톡 크리에이터와 컬래버레이션 방송도 가능하므로 컬래버레이션 상대의 팬과도 교류할 수 있으며, 신규 팬의 유입을 기대할 수 있다.

마지막으로 스토리 기능이다. 이것은 인스타그램의 스토리와 비슷한 기능으로, 사진이나 동영상 등의 콘텐츠를 24시간만 공유할 수 있다(게시물은 24시간 후에 자동으로 사라진다). 일반적인 동영상과 외관 자체는 다르지 않지만, 화면에 스토리라는 표기가 나온다. 스토리는 팔로워의 추천 피드에 게재되므로 팔로워와의 접점을 계속 만든다는 의미에서 매우 효과적이다.

법칙76 스토리 전략 ⑦ 추천 기능

틱톡 계정의 기본을 익혔다면 가장 중요한 일은 **추천 기능을 제대로 파악하여 추천 피드에 올라가는 것**이다. 기존의 디지털 마케팅과 숏폼에는 결정적인 차이가 있다. 지금까지는 사용자의 검색이라는 행동을 분석하여 구글 같은 검색엔진의 검색 결과를 분석하는 것이 디지털 마케팅의 기본이었다.

하지만 숏폼을 중심으로 꽃을 피운 추천의 세계에서는 사용자가 무언가를 검색하지 않아도 사용자의 취향에 맞춰서 콘텐츠를 추천한다. 특정 토픽, 서비스, 상품명을 몰라도 추천 콘텐츠가 사용자의 추천 피드에 표시된다.

여러분을 아직 모르는 사용자의 추천 피드에 어떻게 하면 자신의 동영상이 표시될지 생각하자. 이런 고민을 하지 않으면 동영상의 재생 횟수나 팔로워 수는 물론이고, 그 콘텐츠를 보고 상품이나 서비스에 돈을 쓸 사람도 늘어나지 않는다. 추천 기능을 의식하는 것은 틱톡에서 동영상을 만들고 계정을 운용하는 데 있어서 지극히 중요한 포인트다.

1장의 법칙 7에서 살펴본 도표처럼 숏폼의 추천 흐름을 틱톡은 '흥미에서 덜컹'이라고 표현한다. 틱톡의 특성은 기존의 디지털 마케팅보다도 압도적으로 상단 패널에서 단번에 흥미와 관심을 끌어 모아 구입으로 이어진다는 점이다.

왜 이처럼 '틱톡 품절 대란'이라는 현상이 일어날까? 그건 아마 추천의 근거가 되는 것이 스스로도 깨닫지 못하는 본질적인 욕망이기 때문일 것이다. 확실히 인지하지 못하던 잠재적인 '자신의 흥미'에 최적화된 정보, 그에 의해 숨어 있던 욕망이 표면화됨으로써 '비교, 검토'라는 패널을 뛰어넘어 '구입'에 이르게 되는 것이다. 이것을 리버스 엔지니어링 수법으로 역설적으로 생각하면, 콘텐츠를 만들 때 자신들의 상품과 서비스가 미래의 고객에게 추천되도록 만드는 것이 얼마나 중요한지 쉽게 알 수 있다.

법칙 77 스토리 전략 ⑧ 인게이지먼트 레이트

틱톡은 물론이고 유튜브 쇼츠나 인스타그램의 스토리, 발견 탭 등 지금은 많은 주요 SNS가 추천 엔진을 갖추고 있으며, 사용자는 플랫폼의 추천에 의해 새로운 정보를 받아들인다. 이 책에서는 틱톡을 구체적인 예로 들어 설명하지만, 그 뒤에 숨어 있는 알고리즘은 거의 공통되어 있으므로 유튜브 쇼츠나 인스타그램에서도 응용할 수 있다.

추천 기능은 기본적으로 **일정한 콘텐츠를 업로드한 후, 일정 시간 내에 좋아요, 댓글, 즐겨 찾기(저장), 공유, 재생 완료율 등의 수치가 좋으면 더 많은 사용자에게 확산된다는 알고리즘**이 원칙이다. 이 수치가 나타내는 것은 동영상에 반응한 사용자의 비율이 높다는 점이며, 이 비율을 인게이지먼트 레이트라고 부른다. 이 인게이지먼트 레이트를 높여서 추천 범위에 들어가 많은 사람의 추천 피드에 표시되는 것이 우선 계정이나 콘텐츠의 존재를 알리기 위한 성공의 열쇠다.

인게이지먼트 레이트를 높이는 방법으로는 다음 3가지 포인트를 이해해야 한다.

① 업로드 수를 늘릴 것
최소한 주에 2회 이상 동영상을 업로드하여 활동적인 계정이라는 점을 시스템 측에 알린다.

② 사전 고지할 것
업로드 후 일정 시간 내에 높은 인게이지먼트 레이트를 올리지 못하면 추천받지 못하므로, 다른 SNS도 포함하여 팔로워에게 '오늘 몇 시에 동영상 올릴 테니 봐주세요' 같은 사전 고지를 한 후에 초반 수치를 좋게 만든다.

③ 댓글을 달고 싶어지는 동영상 내용으로 만들 것

앞에서 이야기한 것처럼 '엔딩'에서 'OO에 대해 알려줘', '답변 반사합니다', '리퀘스트 기다릴게요' 등 사용자가 댓글을 달고 싶어질 법한 문구를 넣거나 여백을 만들어야 한다. 이런 댓글을 통해 팬과 친분을 쌓고 추천 피드에 올라가는 조건인 인게이지먼트 레이트를 높이자.

법칙 78 스토리 전략 ⑨ 답글

인게이지먼트 레이트를 높이는 3가지 포인트 중에서 가장 중요한 것이 3번째인 답글이다.

동영상의 엔딩 부분에서 딴죽을 걸고 싶은 부분이나 여백을 만들어두면, 동영상을 본 사람이 댓글을 단다. 그 댓글을 무시하지 말고 제대로 답글을 달면 상대방이 또다시 댓글을 달거나 하면서 동영상 1개당 댓글 수가 늘어난다. 댓글 교환에 적극적인 크리에이터라고 여겨지면 다음 동영상에서도 답글을 기대하며 댓글을 적는 사용자가 늘어날지도 모른다. 이렇게 꾸준한 대화가 인게이지먼트의 토대를 만든다.

이 책을 읽는 사람 중에서는 기업의 SNS 담당자가 많을 수도 있다. 그들의 중요한 업무 중 하나가 사실 이 답글이다. **만들면 끝이 아니라 만들고 전달하며, 나아가 대화해야 한다.** 이런 것이 앞으로의 커뮤니케이션이나 마케팅 담당, PR 담당에게 요구되지 않을까 싶다.

틱톡의 라이브에서도 추천 피드에 올라가기 위해서는 시청자의 활발한 댓글이 필요하다. 메인 동영상의 댓글과 다른 점은 틱톡의 경우 팔로워 외의 사람도 라이브를 관람할 수 있다는 점이다. 즉 팔로워가 아닌 새로운 사람이 댓글을 다는지가 포인트가 된다.

라이브 스트리밍 서비스 'SHOWROOM'의 사장인 마에다 유지前田 裕二나 유코스는 라이브 스트리밍을 1인 주점으로 자주 비유한다. 라이브 스트리밍을 하는 스트리머(크리에이터)는 1인 주점의 사장이다. 주점은 사장이 혼자서 꾸려가는 것처럼 보이지만, 실은 손님도 함께 가게의 분위기를 만든다. 그 분위기 조성 방법이 라이브 스트리밍과 비슷한 면이 있다고 한다.

훌쩍 가게에 들어온 손님을 인게이지먼트하게 만들기 위해서는 사장뿐만 아니라, 평소의 단골손님, 즉 기존 팔로워인 팬의 협력이 중요하다. 따라서 시청자가 좋아할 만한 소재를 제시하는 방법이나 여백을 만드는 법 등 일정한 포맷을 만들어둔다. 그렇게 기존과 신규 팔로워의 연계를 촉진함으로써 팬이 늘어나기 쉬워진다.

처음 온 손님도 쉽게 참여할 수 있도록 화면상에 '오늘의 라이브 취지'를 알기 쉽게 표시하고, 댓글을 유도하는 장치를 만드는 연구도 꼭 한 번 해보자.

법칙 79 스토리 전략 ⑩ 틱톡 품절 대란

법칙 7에서도 조금 다뤘지만 2021년은 '틱톡 품절 대란'이라는 단어가 세상을 떠들썩하게 만들었다. 그런데 정말로 숏폼은 구매 행동으로 직결될까?

결론부터 말하면 필자의 답은 '맞다'이다. 바이트댄스 사가 내세운 '흥미에서 덜컹'이라는 표현처럼 그것은 현상으로서 확인되고 있다. 하지만 그 점에 있어서 숏폼의 혜택을 받기 쉬운 상품과 그렇지 않은 것의 차이는 물론 존재한다. 혜택을 입기 쉬운 것, 그것은 한마디로 하면 유형有形의 상품이다.

예를 들어 **화장품, 식품, 패션처럼 스마트폰 화면에 담기 쉽고, 일상적으로 사기 쉬운 가격대, 모두가 곧장 흉내 낼 수 있는 상품은 숏폼과 궁합이 좋다.** 특히 미용의 경우 아이템이나 서비스를 이용함으로써 발생하는 비포&애프터 동영상이 인기 있고, 강렬한 임팩트로 사용자를 매료시킨다.

또한 **비주얼 콘텐츠나 숏폼은 자신의 취미와 기호를 표현하기 적합하고, 취미성이 높은 것은 고액의 상품이더라도 추천**한다. 틱톡에서는 인테리어나 집 꾸미기 정보가 큰 인기인데, 이는 가격대가 높으므로 정보가 더욱 중요하며, 텍스트보다 비주얼을 동반한 숏폼으로 배우는 편이 알기 쉽다는 장점도 있다.

틱톡에서도 2023년 이후에는 자동차 광고가 많이 나올 것이라는 예측이 있다. 원미디어는 토요타 자동차의 틱톡 동영상을 제작한 적도 있지만, 앞으로는 승용차 같은 고가 상품에 관한 숏폼이 늘어날 가능성이 크다.

이런 분야는 앞서 말한 '동영상 크리에이터 매핑'의 정의에서 프로페셔널형과 매칭되기 쉬우므로 여기에 속하는 크리에이터는 더욱더 활약의 장을 펼칠 수 있을 것이다.

법칙 80 무형의 상품이더라도 크리에이터 자신이 가시화된 상품이 된다

한편 숏폼에 어울리지 않는 것은 무형의 상품이나 서비스다. 이들은 유형의 상품보다 콘텐츠의 제작 난이도가 조금 높다. 유형의 상품이라면 카메라로 촬영하면 콘텐츠의 토대는 만들 수 있지만 실체가 없는 상품은 촬영할 수 없다. 즉 있는 그대로는 동영상을 완성할 수 없기 때문이다.

예를 들어 무형 상품의 대표로 금융을 꼽을 수 있는데, 틱톡 재테크 계열의 많은 크리에이터가 얼굴을 공개한 채 활동한다. 그들은 콘텐츠 설계의 이

론대로 서두에서 6초까지는 자신이 누구이며 앞으로 무엇을 할 것인지를 보여주고, 그래픽을 구사하면서 자신의 목소리로 그 동영상의 토픽을 해설한다.

무형의 상품과 서비스는 화면에 비출 수 있는 것이 없는 이상, 크리에이터가 스스로 카메라 앞에 나서서 알기 쉽게 표현하는 것이 중요하다. 텍스트로 배우는 것보다 알기 쉽게 표현할 수 있다면 사용자에게서 높은 인게이지먼트를 얻을 수 있으며, 결과적으로 상품과 서비스의 이용으로 이어진다.

비즈니스맨이 무형의 상품을 테마로 동영상을 제작할 때, 아이디어에 자신이 없으면 원미디어 같은 회사에 의뢰하는 것도 좋다. 그 분야를 전문으로 삼은 프로페셔널형 크리에이터와 힘을 모아 동영상을 만드는 것도 효과적인 수단이다.

앞으로의 숏폼에 빼놓을 수 없는 10가지 키워드 중 관심 가는 것이 있었을까? 손쉽게 할 수 있는 것부터 꼭 한 번 시도해보기를 바란다.

얼굴 노출 없이도 인기 동영상은 만들 수 있다

자, 지금까지 숏폼을 만드는 데 있어 중요한 키워드를 확인했다. 하지만 크리에이터가 된다고 해도 가능하면 얼굴을 노출하고 싶지 않은 사람도 있을 것이다.

법칙 81 크리에이터 전략 ① 얼굴 노출

어텐션 획득의 기본은 얼굴 노출이지만 얼굴 노출 없이도 인기를 끄는 동영상이나 크리에이터도 있다. 이 경우의 주역은 크리에이터가 아니라 아이템이다.

예를 들어 미용계 틱톡커인 아리찬은 처음에는 얼굴을 노출하지 않고 자신의 손등에 화장품을 발라 색감이나 흡수율을 표현했다. 스마트폰 하나로

멋진 숏폼을 만드는 뛰어난 기술로 인기를 끄는 아아아쓰시ぁぁぁっし[11]도 사진과 동영상 기술이 콘텐츠의 메인이므로 본인이 등장하지 않는 동영상도 있다. **본인이 나오지 않더라도 비주얼만으로 크리에이터가 하고 싶은 토픽이 전달된다면, 그것만으로도 괜찮다.**

얼굴 노출은 용기만 있다면 누구든 할 수 있는 방법이므로 이 책에서는 기본 원칙으로 소개하고 있다. 다만 이런 원칙에서 벗어나고자 하는 경우에는 나름의 창조성이나 고민이 필요하다. 이 고민이 제대로 풀린다면 본인이 얼굴을 노출하지 않더라도 인기 동영상을 만들 수 있다. 얼굴을 공개하는 것에 거부감이 있는 사람은 꼭 그런 동영상을 '발명보다 발견'해보자.

---

11 https://www.tiktok.com/@aaa_tsushi_

동영상의 트렌드나 프레이밍 시 주의점

법칙 82 크리에이터 전략 ② 프레이밍

숏폼을 만들 때는 콘텐츠의 방향성이나 세로형 특유의 프레이밍 트렌드를 파악해둘 필요가 있다. 문제는 그 동향이 꽤 자주 바뀐다는 점이다.

예를 들어 최근에는 틱톡의 구조를 완벽히 꿰뚫고 있는 크리에이터가 만든 무척 '틱톡스러운' 동영상보다도 그다지 '틱톡스럽지 않은' 동영상이 반대로 사랑받는 경향이 있다. 유튜브에서 진출한 어느 크리에이터도 제목부터 '틱톡에 어울리지 않아'라고 고백했지만, 최근 들어 그 소박한 콘텐츠가 '틱톡 감성'에 질린 사용자들에게 주목받아 재생 횟수를 늘리기 시작했다.

필자의 경험상, 이런 **트렌드는 끝에서 끝으로 자주 뒤집히고 있으며, 앞으로도 전문적인 동영상에서 어설픈 동영상으로, 다시 어설픈 동영상에서 전문적인 동영상으로 재차 바뀌어 나갈 것**이다. 어느 쪽이든 발명보다 발견의 정신으로 그때그때의 트렌드에 민감해지는 것이 중요하다.

또한 숏폼의 프레이밍에서는 세이프 존에 대해서도 주의해야 한다. 기존의 TV 광고나 롱폼 동영상에서는 화면에 동영상 이외의 요소는 나오지 않았다. 하지만 틱톡이나 인스타그램의 릴스, 유튜브 쇼츠 등의 세로형 숏폼에서는 댓글창이나 아이콘란, 사용자가 터치하는 UIuser interface[12]존 등 많은 요소가 화면에 오버레이되는 특징이 있다.

세이프 존이란 그런 요소와 겹치지 않는 화면 영역을 말한다. **중요한 요소(자신의 얼굴, 토픽, 아이템, 자막 등)가 이 세이프 존 안에 들어가도록 편집**하자. 화면 전체를 자유로운 캔버스처럼 사용하던 TV 광고나 롱폼 동영상과는 다르다는 점을 꼭 염두에 두어야 한다.

---

12 사용자와 제품, 서비스와의 접점을 말한다.

대원칙은 하나의 동영상에 하나의 메시지

법칙 83 크리에이터 전략 ③ 메시지 수

정보 제공자로서 '전하고 싶은 것'과 정보 수용자의 '보고 싶은 동영상'의 줄다리기에 딜레마를 느끼는 크리에이터도 있을지 모른다. 이 조절을 몸에 익히기 위해 기존의 롱폼 동영상과는 사고방식을 바꿔야 한다.

숏폼의 대원칙은 **하나의 동영상에 하나의 메시지**다. 파워포인트나 키노트를 사용하여 프레젠테이션 자료를 만들 때 종종 '하나의 슬라이드에 하나의 메시지'를 담는 것이 중요하다고 말하는 것처럼, 숏폼도 메시지를 하나로 집약하는 것이 중요하다.

숏폼이라는 짧은 시간축에서는 **처음부터 6초 내에 '누가 무엇을 어떻게 하는지' 를 담는 것에 집중해서 동영상을 만들어야 한다.** 말하고 싶은 것이 몇 가지 있다면 그 수만큼 동영상을 만들 각오로 임해야 한다.

숏폼에서의 팔로우 역학

법칙 84 크리에이터 전략 ④ 채널 등록 및 팔로우의 역학

유튜브와 비교할 때 숏폼 계열의 플랫폼은 채널 등록과 팔로우의 강제력이 약하다. 우선 유튜브의 특징부터 설명하겠다. 유튜브에서 동영상을 보려고 할 때 접근법은 3종류로 분류할 수 있다.

첫 번째는 사용자가 구글이나 유튜브에서 검색하는 방식으로 목적의식을 가지고 동영상에 접근하는 방법이다. 두 번째는 다른 SNS에서 누군가가 올린 동영상 링크를 거쳐 옮겨오는 접근법이다. 세 번째는 유튜브의 홈 화면에서 섬네일을 클릭하는 접근법이다.

기본적으로 유튜브에서는 자동 재생 기능이 켜져 있지 않는 한, 동영상을 한 편 다 본 후 무언가를 클릭하지 않으면 다음 동영상이 시작되지 않는다. 클릭이 기점이 되므로, 다음 동영상을 보기 위해서라도 '좋아하는 크리에이터의 채널을 등록해두자'라는 마음을 먹게 된다.

유튜브는 과거의 콘텐츠도 즐길 수 있는 스톡형 플랫폼으로서의 특성이 강하다. 따라서 사용자가 채널을 등록할 필요성이 자연스레 높아진다. 등록해두면 그 채널의 과거 동영상을 간단히 볼 수 있고, 새로운 동영상이 추가될 때 알림이 오기 때문이다.

하지만 틱톡으로 대표되는 숏폼은 스톡형이라기보다 플로형에 가까운 플랫폼이다. 지금 봐야 할 인기 동영상이나 시청 경향에서 도출한 사용자의 취향에 맞는 동영상을, 사용자가 크리에이터를 팔로우(유튜브로 말하자면 채널 등록)하지 않더라도 추천 엔진이 추천 피드에 제멋대로 내보내기 때문이다. 즉 팔로우 같은 액션 없이도 그 사람이 재미있어 할 법한 동영상이 계속해서 최적화되어 디바이스에 표시된다. 채널 등록이나 팔로우의 중요성이 유튜브나 인스타그램 같은 플랫폼보다 적다는 말이다. 다만 이것은 현재 상태의 이야기다. 틱톡에도 상호 팔로우 상태인 친구의 콘텐츠가 표시되는 친구 탭이라는 기능이 있으며, 앞으로는 팔로우의 존재감이 늘어날 가능성이 있다.

그렇기는 해도 플랫폼 자체에서 팔로우의 강제력이 약하기 때문에 사용자에게 팔로우나 채널 등록을 하도록 만들기 위한 크리에이터의 노력이 더욱 필요한 상태라고도 할 수 있다. 숏폼의 크리에이터로서 성공하기 위해서는 추천 엔진에 추천되는 것이 중요하다. 사용자는 아직 여러분에 대해 모르지만, 추천 피드에 오르면 많은 사람이 그것을 보게 된다. 추천 피드에서의 싸움은 스포츠로 말하자면 지역 예선과 같은 것이다.

이곳을 돌파하기 위해서는 동영상 업로드 후 일정 시간 내에 인게이지먼트를 획득하고 그에 따라 아직 여러분을 팔로우하지 않은 누군가의 타임라인에 여러분의 동영상이 추천되도록 만들어야 한다. 그것을 반복함으로써 점차 여러분을 팔로우하는 사람이 늘어나게 될 것이다. 시행 횟수를 늘려 인게이지먼트를 만듦으로써 여러분의 계정에 대한 흥미를 만들어나간다는 말이다.

이것에 성공했다면 다음은 시도 대회다. 팔로우 수나 업로드한 콘텐츠의 품질(평가 기준은 비공개)이 운영 측의 인정을 받게 되면 라이브와 같은 고급 이용자 대상 기능을 사용할 수 있게 된다. 그곳에서 싸워 이기기 위해서는 나름의 실력과 주변의 서포트, 즉 응원해주는 팬이 필요하다. 팬 커뮤니티가 있다면 크리에이터는 안정적으로 히트작을 낼 수 있다. 그러면 콘텐츠 공개 후의 인게이지먼트의 초반 속도가 크게 달라지기 시작한다.

그렇게 되면 이번에는 시도 대회를 넘어서서 전국 대회다. 전국 대회에서 우승, 즉 동영상 재생 횟수가 100만 번을 매주 달성하는 레벨이 되면 드디어 여러분도 유명한 숏폼 크리에이터가 될 수 있다.

궁금한 비용에 관한 이모저모

법칙 85 크리에이터 전략 ⑤ 제작 의뢰 비용

SNS에서 숏폼 제작 의뢰 비용에 대해 조금 이야기하고자 한다. 우선 크리에이터에게 지불하는 콘텐츠 제작 비용은 팔로워 수×업계의 시세로 결정된다. 업계의 시세는 몇 가지 요인에 의해 변동한다.

예를 들어 그 사람이 어떤 장르의 크리에이터인지, 동영상 콘텐츠 정보의 카테고리는 무엇인지, 그를 팔로우하는 사람들의 연령층과 성별 등 복합적인 요인이 얽혀서 정해진다. 대략 계산해보면, 평균 20원 전후라고 볼 수 있다(2023년 2월 시점, 일본의 경우). 즉 50만 팔로워가 있는 크리에이터에게 광고 동영상 제작을 의뢰하려면 약 1000만 원이 필요하다.

하지만 동영상만 제작해서는 콘텐츠를 그 크리에이터의 팔로워들만 볼 수도 있으므로, 돈을 들여 광고를 홍보한다. 이것이 이른바 운용형 광고와의 조합이다. 틱톡에서는 크리에이터가 공개한 동영상과 운용형 광고를 병용하는 방식을 스파크 애즈Spark Ads라고 부른다.

만약 기업 계정이 10만 팔로워를 달성하면 게시물에는 각각에는 매체 비용으로서 200만 원의 가치가 있다는 말이 된다. 가령 1개월에 걸쳐 하루에 1번, 100만 팔로워의 크리에이터에게 콘텐츠 공개를 부탁한다고 하면, 팔로워 수(100만 명)×시세 금액(20원)×일수(30일)=6억이다. 1년이라면 72억 원이 발생한다. 하지만 회사 계정으로 100만 팔로워를 달성하면 그만큼의 가치를 회사 내에서 만들어낼 수 있다. 이처럼 회사의 콘텐츠 제작과 제공 능력을 키워 나가는 것이 얼마나 중요한지 알 수 있다.

법칙 86 회사와 크리에이터, 모두 어텐션을 모을 수 있는 방법을 생각한다

비용에 대해 생각할 때 하나 잊어서는 안 되는 것이 있다. 그것은 **크리에이터도 스스로의 존재감을 높이기 위해 어텐션을 필요로 한다**는 점이다. 예를 들어 SNS의 팔로워는 적지만 세간의 지명도는 매우 높은 경우가 있다. 즉 디지털 세계에서는 그다지 열심히 활동하고 있지 않지만, TV 광고는 잔뜩 내보내는 기업에서 오퍼를 했다고 해보자.

이 경우, 크리에이터도 팔로워 수×20원의 시세가 아니라 특별한 가격으로 일을 맡을 확률이 높다. 그런 유명 기업의 높은 인지도를 활용하여 스스로를 브랜딩하고 싶고, 어텐션도 손에 넣고 싶다고 크리에이터도 생각하기 때문이다.

돈 또한 범용화하는 현대에서는 어텐션이 돈을 뛰어넘는 귀중한 자원이 되었다. 그러므로 지금 기업의 기획 담당자에게 중요한 것은 **크리에이터 또한**

좋은 어텐션을 얻을 방법을 생각하는 것이다. 크리에이터의 캐릭터에 맞는 콘텐츠를 함께 만들거나 팬 커뮤니티가 좋아할 콘텐츠를 만드는 등 아이디어의 방향성은 다양하게 존재한다.

단순히 돈을 위한 일로 진행하다 보면 예산은 결과적으로 높아질 뿐이고, 좋은 결과를 내기도 어렵다. 크리에이터가 돈 이외의 결과를 얻을 수 있는 기획을 만드는 것이 중요하다. **돈 이외의 부분으로 크리에이터의 진심을 끌어낸다.** 그것이 현대의 마케팅과 커뮤니케이션을 짊어진 비즈니스맨의 필수 스킬이다.

숏폼의 비용 대비 효과란?

법칙 87 크리에이터 전략 ⑥ 가성비가 높은 동영상 제작

'말은 그렇게 해도 역시 동영상은 돈이 들지요?'라는 질문을 자주 듣는다. 분명 유튜브 시대까지의 롱폼 동영상이라면 기자재나 편집 비용 등 나름대로 비용이 필요했다. 하지만 숏폼은 스마트폰 하나로 촬영 → 편집 → 공개 → 유통까지 완결할 수 있으므로 사실 제작 비용은 그렇게까지 많이 필요하지 않다.

더 중요한 것은 아이디어이며, 재현성을 가지고 아이디어를 만드는 것이 중요하다. '우리가 아이디어를 떠올리기 어려우니 외주를 주자', '광고대행사에 의뢰하자', '크리에이터에게 통째로 던지자!'라는 식으로 편하게 생각하면 그것에 상응하는 비용이 발생하는 것은 당연하다.

저예산으로 높은 효과를 만들어내기 위해서는 자기 머리를 제대로 써야만 한다. 편한 길을 걷되 비용만 줄이는 방식은 존재하지 않는다. 물론 그렇기는 해도 조금이라도 효율적인 방법을 찾고 싶다는 마음은 잘 안다. 여기에서 반복하여 강조하고 싶은 것이 소셜 리스닝의 포인트로서 전술한 '발명보다 발견'이다.

지금 여러분이 '숏폼의 흐름'이라는 말을 듣고 꼼짝도 못하고 있다면, 그것은 '재미있는 동영상이 떠오르지 않는다'라는 압박감 때문일지도 모른다. 하지만 사실 재미있는 동영상은 이미 어딘가에 존재한다.

법칙 88 해시태그 볼륨이 큰 화제를 노린다

구체적인 방법으로 커뮤니케이션의 대상이 되는 브랜드나 상품, 서비스의 주변 해시태그를 통해 인기 있는 동영상과 그 공통점을 찾아보면 된다. 예를 들어 스킨케어라면 #피부트러블이나 #선크림 등 상품을 중심으로 한 주변 영역에 여러 해시태그가 존재한다. 그중에서 볼륨이 큰(그 해시태그가 달린 동영상이 많이 올라와 있고, 해시태그 자체의 재생 횟수도 충분히 큰 상태) 것을 찾자.

해시태그 볼륨을 조사하면 그중에서 인기 있는 동영상과 그렇지 않은 동영상이 있다는 것을 알게 된다. 우선 이것을 잘 관찰하자. 인기 있는 동영상을 관찰하면, 그곳에서 '발견'을 할 수 있다. **공통된 에센스, 동영상의 형태, 음악, 효과음, 토픽 같은 요소 중에서 자신들이 응용할 수 있는 것을 발견하고 그것을 활용하여 기획한다.** 그러면 저예산이어도 높은 효과를 낼 수 있다.

브랜드 가치 훼손 리스크도 비용의 범주에 넣는다

법칙89 크리에이터 전략 ⑦ 리스크 매니지먼트

종종 틱톡을 비즈니스에서 활용할 때 리스크에 관한 질문을 받는다. 이른바 SNS 자체에 관한 궁금증이라기보다는 틱톡의 운영회사가 중국에 있다는 사실과 관련된 것이 많다.

이것은 필자의 경험이지만 한 대기업에 틱톡과 관련한 제안을 하다가 '이런 일도 있구나'하고 놀란 적이 있다. 제안은 순조롭게 진행되었지만, 상대방이 갑자기 "중국 회사에 광고비를 쓰는 것이 마음이 편치 않다"라고 말을 꺼내더니 프로젝트가 중단된 것이다. 이런 사고방식은 지금도 완전히 사라지지는 않지만, 현 단계에서는 많은 국제적 클라이언트가 당연한 듯 틱톡을 활용하고 있다.

비즈니스에는 취해야 할 리스크와 취해서는 안 될 리스크가 있다. 애초에 일본 기업이 단순히 틱톡에 동영상을 공개한다고 해서 운영회사가 중국 자본이라는 이유만으로 욕을 먹을 가능성은 전혀 없을 것이다. 그것을 리스크라고 판단할 필요는 전혀 없다.

한편 지금부터 일어날 수 있는 리스크로서 미국에서 틱톡에 대한 규제를 요구하는 움직임이 있다는 점에 주목하는 편이 좋다. 만약 앞으로 미국에서 이용 금지 처분이 내려지는 경우, 열심히 키워둔 틱톡 계정이 소멸할 가능성이 있다는 점은 염두에 두어야 할지도 모른다.

하지만 가령 그런 일이 벌어진다고 해도, 숏폼이 기준이 되는 시대에서 유튜브를 비롯한 여러 플랫폼이 대체재가 되는 애플리케이션이나 서비스를 곧장 제공할 것이라는 점은 명백하다. 그때 가장 먼저 스타트를 끊을 수 있는 것은 숏폼의 노하우를 틱톡에서 축적해온 회사가 아닐까 싶다.

법칙 90 신뢰할 수 있는 상대인지 확인하면 구설수를 피할 수 있다

다음으로 개별 구설수 리스크에 대해 생각해보자.

크리에이터나 인플루언서와 일을 하는 경우, 나쁜 쪽으로 구설수에 오르는 등 브랜드 가치 훼손의 리스크를 걱정하는 담당자도 있을 것이다. 분명 개인으로서 활동하는 크리에이터는 기존의 광고대행사나 제작회사의 방식과 비교할 때 구설수에 대한 리스크 매니지먼트가 충분하지 않다는 점은 부정할 수 없다.

하지만 광고대행사나 제작회사를 이용하면 구설수를 항상 피할 수 있는가 하면, 결코 그렇지는 않다. 특히 최근 수년간은 젠더 밸런스나 DEIdiversity, equity, and inclusion[13]의 시점이 부족하다는 이유로 이벤트나 광고가 구설수에 오른 사례가 많았다.

기존의 남성 주도 회의실에서 만든 광고는 젠더나 DEI로 대표되는 새로운 상식에 대응하지 못하기 때문이다. 이런 점에서는 SNS에 익숙한 크리에이터 쪽이 세상의 새로운 기준에 민감하다는 점에서 구설수에 오를 리스크가 적다고도 할 수 있다.

이런 상황에서 개별적인 구설수 리스크를 피하고 싶다면, 크리에이터의 과거 게시물을 포함한 발언에 눈을 돌리고, 실제로 당사자를 만나서 신뢰할 수 있는 사람인지를 확인해야 한다. 그 사람의 경력과 사람 됨됨이를 제대로 확인하지 않고 일을 통째로 맡긴다면, 구설수에 오를 리스크가 커진다.

대부분 구설수는 크리에이터를 직접 만나 이야기해보는 것만으로도 충분히 피할 수 있다. 여러분이 인플루언서나 크리에이터와 일을 하면 구설수에 오른다는 편견을 가지고 있다면, 그것은 단순히 여러분이 일을 게으르게 하고 있다는 증거일 뿐일지도 모른다.

---

13 다양성, 형평성, 포용성을 말한다.

틱톡 다음에는 무엇이 올까?

법칙 91 독자적인 경제권을 구축고자 근간이 되는 시스템부터 공략한다

"틱톡 다음에는 무엇이 오나요?"라는 질문을 받은 적이 있다.

그 답으로서 기대한 것은 아마도 가상현실virtual reality, VR이나 증강현실 augmented reality, AR, 메타버스와 관련된 답일 것이다. 이 3가지는 자주 하나의 묶음으로 묶이곤 하지만 필자는 조금 위화감을 느낀다. VR이나 AR은 테크놀로지에 관한 이야기지만, 메타버스는 개념에 관한 이야기이기 때문이다.

예를 들어 온라인 게임 〈포트나이트〉는 일종의 메타버스다. 포트나이트의 대단한 점은 그 안에서 음악 아티스트가 라이브를 하거나 〈포트나이트〉 안에서 캐릭터가 입는 스킨이라는 의상을 파는 등 **메타버스 내에 경제권이 확립되어 있다**는 점이다.

〈포트나이트〉를 운영하는 에픽게임즈Epic Games는 명백하게 앞으로 소셜 네트워크의 사교장이 메타버스가 될 것이라고 확신한 듯하다. 에픽게임즈에서는 자사가 개발한 언리얼 엔진Unreal Engine이라는 게임 시스템을 외부에 제공하고 있는데, 그 라이선스 비용이 매우 저렴하다. 타사의 게임 엔진 이용료는 약 20%, 즉 게임 수익의 약 20%를 제공업체에 지불해야 한다. 하지만 언리얼 엔진의 로열티는 최초의 100만 달러까지는 무료이며, 그것을 넘는 경우에 한해 5%로 설정되어 있다(2023년 2월 시점).

에픽게임즈는 향후 언리얼 엔진으로 만들어진 모든 게임을 〈포트나이트〉를 축으로 한 에픽게임즈의 메타버스 세계에 접속시키려고 생각하는 것이 아닐까? 이 구상은 마블Marvel의 원작 만화에 등장하는 모든 캐릭터가 하나의 세계관을 공유하고 상호의 스토리에 등장하는 마블 시네마틱 유니버스를 떠올리면 이해하기 쉽다.

즉 에픽게임즈는 자사의 메타버스 제국을 만들기 위한 주도면밀한 준비를 통해 그 세계의 바탕이 되는 엔진을 계속해서 퍼트리는 중이다.

법칙 92 메타버스가 실현할 미래에도 달라지지 않을 비주얼의 중요성

40대 이상이 아직도 페이스북을, 30대 전후의 여성이 인스타그램을 활발하게 계속 이용하는 것처럼, 많은 사람은 가장 익숙한 플랫폼을 버리지 못한다. 지금 〈포트나이트〉에 빠져든 초등학생과 중학생들이 기성 세대가 된 이후에도 같은 길을 걸어갈 것이다.

자신이 최근 어떤 일을 하는지, 어떤 일상을 보내는지를 표현하는 장소로서 언리얼 엔진을 베이스로 한 메타버스 SNS를 선택하는 일도 충분히 있을 수 있다. 그렇기 때문에 구 페이스북은 메타Meta로 사명을 바꿔서까지 메타버스에 투자하고 있고, 마이크로소프트는 게임 회사인 액티비전 블리자드Activision Blizzard를 약 80조 원에 매수하려고 했다. 향후 커뮤니케이션의 중심이 되는 것은 3차원 컴퓨터 그래픽으로 만들어진 또 하나의 세계라고 판단했기 때문이다.

2030년이나 2045년의 윈도우Windows는 메타버스 안에서 사용하는 OS가 되어 있을지도 모른다. 마이크로소프트도 ChatGPT를 보유한 OpenAI에 여러 해에 걸쳐 도합 100억 달러를 투자하는 방향으로 교섭을 진행하고 있다(2023년 1월 시점). 메타버스 안에서 여러분을 도와주는 어시스턴트는 틀림없이 AI일 것이며, 커뮤니케이션 방법은 채팅, 즉 대화가 될 것이 명백하다.

그렇다면 그런 미래에 크리에이터는 어떻게 될 것인지 생각해보자. 솔직히 알기 어렵지만, 한 가지 말할 수 있는 것은 결국 메타버스 세계란 비주얼 커뮤니케이션의 세계라는 점이다. 메타버스 안에서 광고 느낌의 커뮤니케이션을 하려고 할 때는 텍스트가 아니라 이미지나 동영상을 이용하게 될 것이다. 왜냐하면 메타버스는 곧 가상 세계의 생생한 시각 체험이기 때문이다.

그렇다면 **비주얼 커뮤니케이션에 관여하는 크리에이터는 시대가 달라져도 계속해서 필요하지 않을까?** 예를 들어 지금 원미디어에서는 틱톡의 이펙트 제작에 힘을 쏟고 있다.

이펙트는 누군가를 비주얼로 표현할 때 도움을 주는 도구다. 그 이펙트를 만드는 것, 요컨대 '누군가가 콘텐츠를 만들기 위한 도구를 만들어내는 것'

이 이전과 비교할 수 없을 정도로 중요해질 것이다. 많은 콘텐츠를 만드는 것보다 많은 크리에이터를 만들거나 키워내는 쪽이 결과적으로 커다란 임팩트를 낼 것이기 때문이다. 그렇게 생각하면 콘텐츠나 크리에이터의 형태도 디지털에 한하지 않고 다양한 장르로 펼쳐지고 더욱 커져 나갈지도 모른다.

Chapter
5

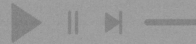

현재에서 살아남고
미래에서 이길 무기,
동영상

비주얼 콘텐츠의 세계

동영상이 없었다면 생겨나지 않았을 것을 생각해보자. 동영상이 계기가 되어 생겨난 것이 SNS를 사용하는 사람 수에 비례해서 존재할 것이다.

이전 책 《동영상 2.0》의 부제를 '비주얼 스토리텔링'으로 정한 것은 **텍스트라는 좌뇌에 최적화된 프로토콜이 아니라, 비주얼이라는 우뇌에 직접 닿는 커뮤니케이션이야말로 앞으로의 미래를 만들 것**이라고 믿었기 때문이다.

라스코 동굴 벽화(비주얼)는 지금으로부터 약 2만 년 전의 인류가 그렸다고 한다. 한편, 문자(텍스트)는 기원전 3000년경에 사용되기 시작했다고 하므로, 인류가 비주얼로 커뮤니케이션을 취한 역사가 훨씬 길다.

하지만 텍스트에는 어찌 된 일인지 엄청난 권위성이 있다. 동영상을 보는 것보다도 책을 읽는 쪽이 더욱 칭찬받는 세상이다. 과거, 많은 사람에게 메시지를 전하기 위해서는 텍스트라는 미디어를 활용할 수밖에 없었다.

흔히 말하는 세계 3대 발명은 화약, 나침반, 그리고 활판 인쇄술이다.

화약은 신체 능력에 의존하지 않는 힘을 만들어냈고, 나침반은 바다를 넘어 새로운 세계로 가는 문을 열었으며, 활판 인쇄술은 특권계급만이 얻고 있던 지식을 많은 사람에게 전함으로써 그 후의 시민 혁명의 주춧돌을 쌓았다. 활판 인쇄술에 의해 미디어(매개)라는 커뮤니케이션의 확장성을 비약적으로 끌어올리는 개념이 생겨난 것이다.

영상 미디어 업체 PIVOT의 대표인 사사키 노리히코佐々木 紀彦는 "미디어는 교육이라는 측면을 가진다"라고 말한다. 자신이 젊었을 때 많이 접한 미디어의 형식이야말로 대단하다는 착각은 그렇게 생겨난 것 아닐까?

필자와 같은 40대 전후 세대는 교과서와 눈싸움하며 의무 교육 기간을 보냈고 뉴스를 신문으로 읽었으며 메일을 주고받으며 일해왔다. 그렇기에 앞으로의 세대도 커뮤니케이션 기반은 텍스트라고 생각하기 쉽다.

하지만 그것은 어떤 의미에서는 잘못되었다. 올바른 표현은 다음과 같을 것이다.

지금까지는 개인이 미디어로서 취급할 수 있는 것이 텍스트 미디어밖에 없었다.

만약 모차르트가 지금 살아 있다면 악보 같은 건 쓰지 않고 자신이 만든 노래를 연주하고 후지이 가제처럼 동영상을 찍어 유튜브에 올렸을 것이다. 모차르트는 35년이라는 생애 속에서 626곡이나 되는 작품을 남겼다. 그의 유명한 에피소드 중에는 이탈리아 로마의 시스티나 예배당에서만 들을 수 있는 〈미제레레〉를 딱 한 번 듣고 통째로 암기했다는 이야기가 있다. 9성부로 구성된 난해한 합창곡을 겨우 한 번 들은 것만으로 악보에 적을 수 있는 인간인 이상, 자신의 노래를 오선지에 적는 행위는 본래 하고 싶지 않았을지도 모른다.

힙합 역사상 가장 위대한 래퍼, 제이Z는 지금까지 가사를 단 한 번도 종이에 적지 않고 전부 암기하고 있다고 단언한다. 그가 만들어내는 음악은 텍스트 미디어를 통하지 않고 음원 파일과 뮤직비디오, 그리고 라이브 퍼포먼스로 기록되고 공개된다.

만약 피카소가 지금 살아 있다면 틀림없이 인플루언서 마케팅을 하고 있었을 것이다. 20세기를 대표하는 예술가인 피카소가 예술 비즈니스에서 획기적이었던 점은 자신의 그림을 판매하는 마케팅 전략을 스스로 실행했다는 점에 있다. 그는 친구들에게 부탁하여 다양한 화랑에 피카소의 작품이 있는지 물어보게 했다. 그런 다음 피카소가 화랑에 작품을 팔러 가면 곧장 작품 판매에 성공했다고 한다.

이것은 인스타그램을 중심으로 전개되는 '오늘은 제가 애용하는 아이템을 소개합니다', '이번 여름의 머스트 해브 아이템을 꼭 손에 넣고 싶다!' 식의 움직임과 본질적으로 같다.

피카소는 화상들을 아틀리에로 불러서 '이 작품은 이런 흐름으로, 이런 것을 생각해서 이렇게 표현한 겁니다'라고 설명하고, 그 자리에서 경매 형식으로 판매함으로써 자신의 그림 가치를 높였다는 일화도 있다. 지금이라면 온라인 라이브 스트리밍으로 새로 그린 작품을 설명하며 팔았을지도 모른다.

텍스트로 인풋하는 것이 우위성을 가지는 것은 아웃풋도 텍스트일 때에 한정되는 건 아닐까? 일본 학생들이 몇 년 동안 영어 공부를 해도 영어 회화는 하지 못하고, 읽기와 쓰기만 높은 수준으로 할 수 있는 이유는 그 공부의 인풋과 아웃풋 대부분이 텍스트로 이루어지기 때문이다.

지금 전 세계에서 스포츠 선수들의 기록이 비약적으로 상승하는 것은 '비디오 지도' 덕이라고 이야기한다. 선수는 뛰어난 폼을 동영상으로 배우고, 스스로의 폼을 동영상으로 돌려보며 수정한다. 필자가 중학생일 때는 올바른 폼이란 체육 교과서에서 배우는 것이었다. 필자에게는 너무 어려워서 운동치라고 놀림받은 쓰라린 기억이 있다.

지금 필자는 골프에 빠져 있는데, 유튜브와 틱톡, 인스타그램에 골프 동영상을 올리는 크리에이터가 많아서 하루가 갈수록 골프 실력이 늘고 있다. 왜냐하면 골프의 아웃풋은 텍스트가 아니라 신체의 움직임, 즉 비주얼이기 때문이다.

하지만 이런 식으로 비주얼로 인풋할 수 있게 된 것은 개인이 스마트폰이라는 카메라를 통해 동영상이라는 비주얼 콘텐츠를 만들고, 다시 개인이 스마트폰이라는 스크린으로 그것을 볼 수 있는 시대가 되었기 때문이다. 그리고 이 변화의 역사는 이제 겨우 10년 정도밖에 되지 않았다.

우리는 지금 텍스트 우위였던 수백 년에서 비주얼 우위가 되는 앞으로의 수백 년의 분수령을 살고 있다. 패션, 요리, 카페 투어, 인테리어, 이벤트, 음악, 스포츠……, 의식주와 관련해서 살아가는 즐거움은 텍스트가 아니라 비주얼 콘텐츠로 전환되고 있다. 이것은 틀림없는 사실이다. 왜냐하면 그 모든 것의 아웃풋이 비주얼로 표현되기 때문이다.

텍스트에는 해봐야 수천 년의 역사밖에 없다. 하지만 우리는 2만 년 전부터 비주얼 커뮤니케이션을 행한 생물이다. 그러므로 미래는 비주얼화한다. 이 장은 그런 비주얼화된 세계로 가는 여권이 될 것이다.

새로운 세계에 온 것을 환영한다. 준비물은 스마트폰과 이 책이면 충분하다.

인풋도 아웃풋도 비주얼로 전환된 세계

법칙 93 격변하는 마케팅, 동영상이 공헌한 터치 포인트의 확대

인류는 비주얼을 통한 오래된 커뮤니케이션 역사를 지니고 있다. 그중에서도 스마트폰을 매개로 한 비주얼 커뮤니케이션의 확대가 물건을 사고파는 법, 사람과 이어지는 법, 세상을 바라보는 법 등 최근 시대를 크게 달라지게 했다는 사실은 모두가 실감하고 있을 것이다.

이런 비주얼의 힘은 향후 비즈니스맨의 업무 방식을 어떻게 바꿀까? 하나 예측할 수 있는 것은 현재의 기업 활동의 기본인 마케팅의 존재 방식이 격변할 것이라는 점이다.

화장품 쇼핑몰 오르비스Orbis 사의 사장인 고바야시 다쿠마小林 琢磨는 마케팅은 마케팅 부서가 해야 하는 것이 아니라 경영 그 자체라는 관점에서 "마케팅팀이라는 부서가 존재하는 회사는 이미 끝이다"라고 말했다. 사장

이 가장 큰 마케터 혹은 PR 담당 직원이어야만 한다는 이야기도 자주 들린다. 비주얼 커뮤니케이션이 불러온 변화로 인해 사장을 포함한 온갖 사원이 마케팅을 이해하고 활용하는 마인드를 가져야만 한다.

이 변화의 배경에 있는 것은 컨슈머(소비자)와 기업의 터치 포인트touch point[1] 증가다. SNS가 침투하기 전까지 소비자와 기업의 접점은 매스미디어가 독점하고 있었다. 기업이 매스미디어를 사용해 상품을 홍보하고 소비자가 구입하면 그것으로 끝이었다.

하지만 지금은 틱톡 품절 대란이라는 말이 상징하는 것처럼 소비자가 스스로 인스타그램이나 유튜브, 틱톡에서 상품을 소개하며 그것을 보고 구입하는 사람이 늘어나고 있다.

법칙 94 구입 전후의 액션을 스토리텔링하고 싶어지도록 설계하기

이 세계에서는 상품이나 서비스가 비주얼 커뮤니케이션에 적합하게끔 제대로 설계해야 하며, 비주얼 커뮤니케이션이 확산될 수 있는 시스템도 함께 만들어야 한다.

그 좋은 예가 최근의 스니커즈 붐이다. 인터넷 중고 거래 사이트나 중고 거래 앱에서는 한정 스니커즈가 비싼 가격에 팔리고 있다. 특히 인기 있는 것이 나이키인데, 이 상황을 만드는 데 가장 크게 공헌한 것은 스니커즈를 기획·디자인하는 부서도, 광고·홍보를 담당하는 부서도 아니라 나이키의 공식 앱인 'SNKRS' 팀이라고 생각한다.

---

1 **옮긴이** 고객이 서비스에 유입되는 단계부터 서비스를 경험하는 전 과정에서 거치는 물리적인 상호작용, 인적 상호작용, 커뮤니케이션 일체를 말한다.

나이키의 한정 스니커즈는 이 앱에서 판매되지만, 발매 개시 시간이 되면 신발을 구매하려는 사람들이 일제히 모여들기 때문에 추첨을 통해 스니커즈를 구매할 수 있게끔 한다. 그 추첨에 뽑혀 구매에 성공하면 구매한 스니커즈 사진과 함께 'GOT'EM'이라는 문구가 표시된다. 모두 그 이미지를 스마트폰으로 스크린 캡처를 해서 "GOT'EM했다!(샀다!)"라는 기쁨을 인스타그램이나 X, 틱톡으로 공유하는 것이다.

이것은 SNKRS 앱의 UI, UX$_{user\ experience}$[2] 디자인 팀이 이렇게 하면 스니커즈를 좋아하는 사람들이 SNS로 퍼뜨리고 싶어할 것이라고 노리고 만들어낸 장치다. 절묘한 '스크린샷 감성' 설계를 통해 단순히 B2C$_{business\ to\ consumer}$[3]를 넘어서, 구입한 사람이 스스로 나이키의 제품을 선전하는 비주얼 커뮤니케이션이 만들어졌다고도 할 수 있다.

법칙 95 │ 풍경이나 건물에 '올리고 싶다'라고 생각되는 흐름을 부여한다

비슷한 상황은 인스타그램의 영향으로 유명해진 관광지에서도 찾아볼 수 있다.

예를 들어 메이지진구 외원의 은행나무 거리는 예전부터 있었지만, 최근 수년간 가을이 되면 교통 통제가 이루어질 정도로 관광객들이 넘쳐나며, 좌우 대칭이 되도록 프레이밍한 은행나무를 스마트폰이나 DSLR 카메라로 촬영한 사진이 인스타그램에 널려 있다.

---

2   유저가 하나의 제품, 서비스를 통해 얻을 수 있는 체험을 뜻한다.
3   기업과 일반 소비자 사이에서 이루어지는 거래를 뜻한다.

그 밖에도 유니버설 스튜디오 저팬Universal Studio Japan, USJ은 2000년대 전반에 인기가 떨어졌지만 몇 가지 기폭제, 특히 핼러윈 붐에 전력으로 뛰어듦으로써 경이적인 부활을 이루었다. 디즈니랜드는 핼러윈 복장이나 코스프레를 한 채로 놀이동산에 방문하는 것을 일부 제한하지만, 그에 비해 USJ의 대응은 무척이나 너그럽다. 그에 따라 기존에는 어트랙션을 즐기는 사람들을 위한 분위기 조성 역할만 하던 어뮤즈먼트 파크의 건물이 지니는 역할이 크게 바뀌었다. 모두가 비주얼 커뮤니케이션을 하고 싶다고 바라는 문화 속에서, 멋진 사진을 찍을 수 있도록 연출하는 세트로서의 가치가 건물에 부여된 것이다.

나이키나 USJ처럼 비주얼 커뮤니케이션의 확대를 시야에 넣으면 기존 기능의 가치가 달라진다. 앱의 구입 완료 화면도 SNS로 확산하는 커뮤니케이션의 재료가 된다. 마케팅 담당자만 커뮤니케이션을 생각하는 시대는 이미 끝났다. 온갖 전문 분야를 가진 사람들이 비주얼 커뮤니케이션에 정통해 있지 않으면 기업은 경쟁에서 이길 수 없다.

비주얼 커뮤니케이션이 바꾼 일반인의 삶과 가치관

법칙 96 '좋아요' 가성비라는 새로운 KPI를 설정한다

비즈니스맨의 업무 방식뿐만 아니라 일반인의 삶 또한 커다란 변화를 맞이하고 있다. 상징적인 사건으로는 패스트 패션이 힘을 잃은 것을 꼽을 수 있다.

구체적으로는 그렇게나 큰 붐을 일으켰던 포에버 21[4]이 2019년에 일본에서 일시적으로 철수한 사례를 들 수 있다. '빠르고 편하고 싸다'라는 패스트 패션이 아니라 다소 비싸더라도 '좋아요'라는 말을 들을 수 있는 아이템을 사고 싶다고 생각하는 젊은이가 늘어나고 있다는 증거다.

4　미국 로스앤젤레스발 캐주얼 패션 브랜드. 과거 '패스트 패션의 침공'이라고도 불린 이 브랜드는 2000년에 일본에 첫 상륙했다. 하지만 경영난에 빠져 2019년에 일본 시장에서 철수했다. 그 후 콘셉트와 가격대를 고쳐서 '탈 패스트 패션'을 내걸고 2023년 2월부터 온라인 판매 개시, 같은 해 4월에 실제 점포를 오픈하는 형태로 재상륙을 결정했다.

이 배경에는 인스타그램이나 틱톡에서 ○○가 입고 있던 아이템을 원한다는 강한 동기가 있다. 예를 들어 BTS의 제이홉이 'HUMAN MADE'의 재킷을 입었다면, 팬은 그 재킷이 36만 원이어도 구입한다. 이 가격은 재킷으로서는 비싼 편이지만, 중고 거래 사이트나 앱 같은 2차 유통(전매) 시장이 있는 지금은 사실 꽤 저렴한 금액일지도 모른다. 입었던 옷을 중고 거래 사이트나 앱에서 팔더라도 20만 원 정도는 받을 수 있을 것이고, 물건에 따라서는 샀을 때보다 비싼 가격이 붙을 때도 있을 것이다. 실질적으로 16만 원의 재킷을 산 것과 비슷한 지출임에도 16만 원의 재킷으로는 도저히 얻을 수 없는 수의 '좋아요'를 받을 수 있다면 젊은 층에게는 적절한 지출이 된다.

패스트 패션이 무엇 때문에 기세를 잃었을까? 중고 거래 사이트 같은 2차 유통 마켓과 중고로 팔아도 살 사람을 찾을 수 있을 만큼의 인기 아이템을 만들어내는 SNS상의 크리에이터나 인플루언서의 존재 때문일 것이다. 물건이 대량으로 넘쳐흐르는 지금, 평범한 재킷은 딱히 가지고 싶지 않다. 재킷을 **몸에 걸침으로써 SNS에서 인기인이 될 수 있는 물건에 모두가 돈을 쓰고 있다.**

법칙 97 커뮤니케이션의 허브가 되는 상품과 서비스를 기획, 개발한다

요즘의 초등학생은 '옷은 물려받아서 입어도 되니까 〈포트나이트〉의 스킨 사 줘'라는 식으로 부모에게 조른다고 한다. 기존에 아이들이 패션으로 자기 표현을 하는 장소는 학교나 학원, 휴일의 나들이 장소였지만, 그것이 이미 가상 공간으로 옮겨갔다는 사실은 놀라운 일이다. 인스타그램이나 틱톡 사용을 허락받지 못한 초등학생에게는 〈포트나이트〉라는 게임 세계의 캡처된 화면이야말로 청춘의 앨범이다.

과거 〈도라에몽〉에서 노진구 일행이 방과 후에 모이는 장소는 토관이 놓인 공터였다. 하지만 2023년 현재, 그런 공터는 적어도 도쿄 도내에서는 그다지 볼 수 없고, 그런 곳에서 노는 아이도 없다. 지금은 방과 후에 모두가 모이는 공터는 포트나이트이며, 그들이 고등학생이 되면 틱톡으로 바뀔지도 모른다.

지금 30세 전후 사람들 사이에서 공전의 피트니스 붐이 일고 있다. 피트니스 센터에 다닌다고 말하는 것은 지금까지는 '계속해서 이어지지는 않는 것'의 대명사였다. 하지만 피트니스 센터에 다니며 자기 육체가 변화하는 과정을 인스타그램에 올리는 여성이 늘어남으로써 상황이 달라졌다. 인스타그램을 보다 보면 '나도 피트니스 센터에 가야겠다'라는 마음이 들고, 인스타그램에 게시물을 올리면 같은 피트니스 동지에게서 '좋아요'를 받을 수 있다. 피트니스 시장을 활성화하는 새로운 모티베이션이 태어났다는 말이다.

성형수술이 캐주얼하게 변한 것도 인스타그램을 비롯한 비주얼 커뮤니케이션의 힘에 의한 것이 크다. 과거에는 성형수술을 했다는 사실을 밝히는 것은 일종의 터부였다. 하지만 비포&애프터나 수술에 대한 감상이 SNS의 인기 콘텐츠가 되었고, 그 귀중한 정보에 '좋아요'를 누르는 사용자가 늘었다. 이러한 흐름이 있었기에 성형수술에 호감을 생기고 받아들일 수 있게 되었다.

사람들은 앞으로 생활 속에서 '좋아요'나 댓글을 받을 수 있는 것, 즉 커뮤니케이션의 허브가 되는 상품과 서비스를 적극적으로 이용하게 될 것이다.

비즈니스맨이 새로운 상품이나 서비스를 기획할 때는 반드시 비주얼 커뮤니케이션으로서 어떻게 이용될 것인가, 일반인이 이것을 어떤 식으로 틱톡이나 인스타그램에 올릴 것인가를 생각하며 기획, 개발을 해야 한다.

비주얼 커뮤니케이션이 만들어내는 거대한 영향력은 스타벅스의 세계적인 성공을 보면 명백하게 알 수 있다. 다른 체인점의 커피를 올리는 것만으로는 '좋아요'를 받지 못하지만, 스타벅스의 프라푸치노나 계절 한정 커피는 '좋아요'를 많이 받는다. '좋아요' 우선의 사고방식에서는 스타벅스의 커피는 **조금 비싸지만 '좋아요'로 환산하면 싼 것**이다.

'좋아요'를 받을 수 있다면 이 정도는 가성비가 좋다라는 새로운 KPI를 무시하면 안 된다는 사실을 반드시 기억하자.

미디어 대항해시대

법칙 98 미디어 대항해시대에 도움이 되는 크리에이터 인파워먼트

2022년 5월 30일, 원미디어는 '동영상을 만드는 회사를 그만두고, 틱톡을 중심으로 한 크리에이터 지원 사업을 개시한다'라고 발표하고, 크리에이터 레이블 '(C_C)'를 설립했다. 일본에서 가장 유명한 역전 대형 광고판 중 하나인 JR 시부야역 하치코 광고판에 이런 문구를 내건 채 말이다.

커뮤니케이션 능력도 없다, 돈도 없다, 분위기 파악도 못 한다.

그래도 그런 나이기에 전할 수 있는 것이 있다.

한 발 내딛자, 전하자, 떨리지만 앞을 향하자.

어른의 속사정보다 자신의 가능성과 함께 살아가자.

내 인생 전체가 콘텐츠다.

발표일 밤에는 유튜브로 긴급 라이브 방송 '[보고] 동영상 제작회사를 그만 둡니다.'도 하는 등 정말로 긴 하루였다. 발표 소식을 들은 사람들에게서 '동영상을 그만두고 어떡하시려고요?'라는 식의 놀라는 반응을 무척 많이 받았다.

하지만 사실 2년 전부터 원미디어는 동영상을 만드는 회사를 그만둘 준비를 하고 있었다. 2022년에 들어선 이후, 원미디어의 매출 비율에서 동영상 제작이 차지하는 비율이 크게 줄었기 때문이다. 그 타이밍에 대대적인 발표를 했을 뿐, 실제로는 이미 그만둔 상태였다는 것이 정답이다.

왜 이렇게 되었을까?

이것은 한마디로 코로나 사태가 원인이다. 코로나 사태에 우리가 하는 일은 이른바 불요불급이라는 낙인이 찍힌 상태였다. 동영상 촬영은 3밀로 가득 차 있다. 정해진 일의 대부분이 사라졌고, 회사도 원격 업무로 넘어갈 수밖에 없었으며, 나카메구로에 갓 꾸민 상태였던 자사 스튜디오는 마치 빛이 꺼진 것처럼 새까맣고 차가운 장소로 변해 있었다.

우리가 온 힘을 기울이던 일이 이런 것 때문에 끝이나다니…. 이벤트 관계자들도, 요식업 관계자들도, 당시에는 다양한 업계 사람들이 같은 식으로 괴로움을 겪었을 것이다. 필자도 정말로 할 일이 없어서 매우 위축되어 있었다.

TV를 켜도 새로운 방송을 촬영하지 못했으므로 재방송만 나왔다. 그러던 때 문득 TV에 유튜브를 캐스팅해보니, 그곳에는 신작을 계속해서 업로드하는 유튜브 크리에이터들이 있었다. 스마트폰을 켜면 오늘도 기운 넘치는 틱톡 크리에이터가 있었다. 이런 미증유의 사태에도 크리에이터로 계속해서 존재하던 것은 그들이었다. 우리처럼 이른바 '크리에이티브한 회사'는 왜 이렇게 무력할까, 하고 깨달음을 얻었다.

애초에 필자가 이 회사를 시작한 것은 유튜브가 계기였다. 대학에서 영상 동아리에 들어간 필자는 나만의 작품을 찍어 그것을 하나하나 DVD로 구워 배포하면서 더 많은 사람이 봐주었으면 하고 바랐다.

대학 4학년의 어느 날, 아직 구글이 매수하기 전의 유튜브에 필자가 찍은 동영상을 업로드했더니 멀리 캐나다에서 누군가 "Awesome!"이라는 댓글을 달아주었고, 그때 WEB 2.0이라 불리던 인터넷의 새로운 가능성을 체감했다.

당시의 미디어 업계에서는 아직 TV의 압도적인 영향력을 자랑했다. 하지만 필자는 인터넷 업계에서 미래를 느꼈고, 그쪽으로 길을 정하기로 했다. 하지만 실제로 업계에 들어가 보니, 크리에이티브라는 것에 애정을 느끼지 못했고, 잘못 선택했다고 후회하는 나날이었다.

필자가 원미디어를 창업한 것은 그때의 나에게 응원을 보내고 싶었기 때문일지도 모른다. 창조적인 작품을 만들고 싶고 크리에이터가 되고 싶었다. 하지만 그것은 기존의 올드 미디어의 콘텐츠와는 달랐고, 어떻게 하면 좋을지 알 수 없었다. 새롭고 자유로운 디지털의 세계, 동영상의 세계도 형성되고 있었지만, 유튜버라는 말도 아직 없었고 그것으로 생활해나갈 수 있다는 분위기도 전혀 없었다.

그 당시의 필자가 들어가고 싶다고 생각할 법한 회사를 만들고 싶었다. 스마트폰에 최적화된 동영상 콘텐츠를 추구하고, 유명한 기업이나 브랜드가 다들 돈을 낼 만한 비즈니스를 하고 싶었다. 하지만 코로나 사태는 우리가 담당해온 역할이 끝났다는 사실을 일깨워줬다. 원미디어가 개척한 세계는 그야말로 자신의 힘만으로 동영상을 만들 수 있는 새로운 세대의 크리에이터에게 넘어간 것이다.

돌아보면 창업을 생각했을 때 UUUM[5]과 같은 크리에이터를 묶는 조직이 아니라 동영상 제작회사라는 형태를 선택한 것은 아직 필자 자신이 크리에이터로 남고 싶다는 강한 바람을 가지고 있었기 때문이었다. 하지만 더는 그런 자존심은 필요 없다. 자존심을 버리고 스스로는 찾을 수 없는, 새로운 세계를 비춰줄 크리에이터와 일을 하고 싶다. 숏폼 크리에이터는 그야말로 그 대표 격이다.

법칙 99 스마트폰을 통해 직접 유통하는 흐름에 올라탄다

학창 시절, 촬영에 소니의 디지털 비디오 핸디캠을 사용했다. 카메라와 데스크톱 컴퓨터를 케이블로 연결하여 DV 테이프에서 소재를 캡처한다. 어도비의 프리미어Premiere와 애프터 이펙트After Effects를 구사하여 편집하고, 완성된 동영상을 MOV[6] 데이터로 저장했다. 컴퓨터의 구동음을 BGM 삼아 잠이 들었다. 작품을 보여주기 위한 DVD를 1장 굽는 데 필요한 시간은 30분이었다.

하루를 통으로 써서 만든 20장의 디스크를 진지하게 봐줄지 어떨지 알 수 없는 친구들에게 뿌린다. 이것이 유튜브 이전의 영상 제작에 빠져 있던 젊은이들의 루틴이었다. 유튜브가 등장한 후 무엇이 혁신적으로 바뀌었을까?

---

5 **옮긴이_** 세계 최초이자 일본 최대 규모의 MCN 회사다.
6 애플이 개발한 퀵타임이라는 동영상 파일 형식의 확장자다.

그것은 촬영도 편집도 아니라 개인이 만든 크리에이티브를 유통하는 환경이다. 디지털 비디오 핸디캠으로 촬영 → 데스크톱 컴퓨터로 편집 → DVD로 유통하는 시대에서 DSLR 카메라로 촬영 → 노트북으로 편집 → 유튜브로 유통하는 시대로 변화했다.

그리고 지금 Z세대는 스마트폰으로 촬영 → 스마트폰으로 편집 → 스마트폰에서 틱톡으로 유통하는 시대에 돌입했다. 필자가 경험했던 무거운 기자재나 귀찮은 프로세스에서 탈피한, 한없이 가벼운 존재가 Z세대의 숏폼 크리에이터다.

지금은 유튜브와 X, 인스타그램이 모두 틱톡이 만들어낸 숏폼이라는 새로운 흐름에 올라타 있으며, 거기에서 활약하는 크리에이터를 끌어들이고자 필사적이다.

2022 FIFA 월드컵에서는 전 세계의 다양한 브랜드가 경기장에 광고를 내걸었다. 그런 가운데 유튜브가 '유튜브' 브랜드가 아니라 '유튜브 쇼츠' 브랜드로 광고를 내건 것은 매우 인상적인 일이었다. 동영상 업계의 패자인 유튜브가 숏폼으로 옮겨가려고 한다는 큰 증거이기 때문이다. 2022년 11월에는 일론 머스크가 이미 서비스가 끝난 숏폼의 개척자, 바인Vine의 부활을 지시했다는 보도도 있었다.

세계는 시시각각 변화하고 있고, 우리는 그 변화에 대응하면서 새로운 흐름이나 트렌드에 적응해나가야만 한다.

법칙100 크리에이터의 보편화로 생긴 브랜드와 크리에이터의 파트너십

동영상의 세계는 동영상 2.0 시대부터 더욱 나아가고 있으며, 이 책에서는 그 진화의 과정을 적었다.

필자는 어떤 의미에서 크리에이터의 완전한 보편화가 이루어지는 순간을 눈에 담고 있다. 보편화의 도상에서 크리에이터가 지속적으로 활동하기 위해서는 제대로 된 비즈니스를 만드는 힘이 필수다. 또한 기업도 커뮤니케이션의 존재 방식을 바꿔나갈 필요가 있다. 원미디어는 숏폼의 보편화를 중장기적인 시선으로 이룩해나가기 위해 크리에이터, 클라이언트, 시청자의 가교 역할을 하는 회사를 목표로 삼고 있다.

크리에이터가 만들어내는 콘텐츠는 기업과 사용자 = 클라이언트와 컨슈머를 연결하는 허브이며, 지금 세상을 연결하고 있다. 거기에서 생겨나는 비즈니스의 가능성은 무한하다. '크리에이터 따위, 고작 SNS에 동영상을 올릴 뿐이잖아?'라고 착각하는 사람은 시대착오라고 말할 수밖에 없다. 애초에 일본의 크리에이터를 둘러싼 상황은 미국과 비교하면 3년에서 5년 정도 늦다. 지금의 일본에서는 100만 명의 팔로워가 있으면 메가 인플루언서라는 말을 듣지만, 이것은 미국에서 5년 전의 기준이다.[7]

크리에이터 이코노미의 선진국인 미국에서는 지금은 크리에이터 비즈니스의 법인화가 이루어지고 있다. 미국의 인기 유튜버 MrBeast는 2020년 12월에 햄버거 배달 매장 MrBeast Burger를 개점했다. 코로나 사태에도 불구하고 매출은 늘어났고, 7개월 만에 1억 달러를 벌었다는 보도도 있었다.

---

7 **옮긴이_** 우리나라도 마찬가지로 100만 명 이상을 '메가', 10만~100만 명 사이를 '매크로', 1만~10만 명 사이를 '마이크로', 1만 명 미만을 '나노'라고 구분한다.
https://www.donga.com/news/Economy/article/all/20220920/115550852/1

일본의 잠재력은 지금부터다. 크리에이터가 스스로 비즈니스를 만드는 패턴은 앞으로도 늘어날 것이고, 기존의 브랜드는 크리에이터를 앰버서더로 만들어 SNS에서 적극적으로 커뮤니케이션할 것이다. 크리에이터는 앞으로 그저 단발성 광고 안건을 담당하는 것이 아니라 브랜드와 파트너십이라는 형태로 관여하게 될지도 모른다. 이 분야도 지금까지 많은 브랜드나 크리에이터와 일을 해온 우리가 더욱더 개척할 수 있는 영역이 아닐까 생각한다.

21세 무렵의 필자는 크리에이터로서 살고 싶다고 바라면서도 그 선택지를 찾지 못했다. 하지만 현대의 크리에이터에게는 당시와는 비교할 수 없을 정도의 가능성이 펼쳐져 있다. 비주얼 커뮤니케이션의 대항해시대, 원미디어라는 이름의 배가 할 수 있는 일은 그들에게 힘을 부여하고, 한 명이라도 많은 크리에이터를 늘리는 것이다.

고성능 AI vs. 인간: 테크놀로지와의 공생 혹은 적대

고성능 AI의 등장으로 인해 테크놀로지가 인간의 일자리를 급속도로 위협하고 있다. 당연하다는 듯이 AI와 공존하게 될 세계에서 앞으로 우리는 무엇을 나침반으로 삼아 상품과 서비스를 만들어야 할까?

AI와 크리에이터가 어떻게 함께 해야 할지 생각하는 데 가장 크게 참고한 것이 디자이너 모임인 더 길드THE GUILD에 소속된 후카쓰 다카유키深津 貴之의 사고방식이다. 후카쓰는 일본을 대표하는 UI · UX 디자이너이자 디렉터로 AI와 함께 창조하는 크리에이티브 연구의 제1인자로 꼽힌다.

후카쓰는 스테이블 디퓨전Stable Diffusion이나 미드저니 등 텍스트로 입력한 키워드를 바탕으로 AI가 자동으로 이미지를 생성하는 인공지능 서비스를 이른 시점부터 연구했고, 콘텐츠 제작에서 AI가 할 수 있는 것과 인간이 특기로 내세우는 것의 차이를 분석했다.

그는 "AI 서비스가 취향에 맞는 그림을 그리도록 하기 위해서는 AI를 교육하고 적절한 텍스트를 입력해야 한다. 마법사가 주문을 외우듯이 AI가 이해할 수 있는 올바른 언어를 선택하지 않으면 '좋은 느낌'의 이미지는 나오지 않는다"라고 말했다.

이 감각은 지극히 미래의 크리에이터상과 닮은 것 같다. 처음부터 스스로 선을 긋고 편집하는 것이 아니라, AI가 대체할 수 있는 부분은 AI에 시킨다. 다만 이 부분도 처음에는 패턴 출력이나 러프한 레이아웃, 배경 채우기 같은 작업이라고 생각했지만, AI의 성능은 하루가 다르게 진보하고 있으며 이미 캐릭터 조형 같은 것도 가능하다고 한다.

'드디어 정말 인간의 일이 없어지는 건 아닐까' 하고 한때는 회의적으로 생각하기도 했지만 후카쓰의 태도를 보다 보니 결코 비관할 필요는 없다는 사실을 알게 되었다.

르네상스 시대 사람들에게는 붓 같은 도구를 제대로 사용하는 것이 크리에이터가 필수로 가지고 있어야 할 기술이었을 것이다. 그것이 현대에는 어도비의 포토샵이나 일러스트레이터, CG 소프트웨어로 대체되고 있다. 비슷하게 **10년 후에는 AI에 디렉션하여 이상적인 작품을 만드는 것이 크리에이터의 기술이 될 것**이다.

현재 크리에이티브 업계에서도 우두머리인 크리에이티브 디렉터는 스스로 손을 움직이지 않는다. 팀 내의 디자이너, 포토그래퍼, 비디오그래퍼 등의 사람들에게 자신의 비전이나 아이템을 공유하고, '이런 느낌으로 만들어주세요'라고 부탁하면서 콘텐츠를 제작한다.

즉 인간이 인간에게 디렉션하고 있다는 말이다. 이것이 인간이 AI에게 디렉션하는 구도가 되면 지금까지는 한정된 인간에게만 허용되던 크리에이티브 디렉터 역할을 누구든 갑자기 할 수 있는 기회가 펼쳐진다.

또 하나 후카쓰의 사고방식에서 흥미로웠던 것은 'UI · UX 디자이너인 그가 왜 AI를 연구하는가'에 관한 부분이었다. 후카쓰는 미래에 AI가 더 많이 보급되면 버튼을 터치하거나 메뉴를 여는 식의 UI 전반이 전부 텍스트 입력이나 음성 입력으로 대체될 가능성이 있다고 이야기한다.

예를 들어 유니클로에서 옷을 사려고 할 때, 지금까지는 아우터가 필요하면 아우터라고 적힌 메뉴를 열고 화면에 나오는 섬네일 중에서 취향에 맞는 상품을 터치하고 사이즈를 고르는 식의 조작이 필요했다. 하지만 미래에는 '올해의 추천 아우터를 알려 줘'라고 말하는 것만으로 상품이 주르륵 나열되고, '네이비색 아우터만 보여줘'라고 말하는 것만으로 쇼핑이 끝날지도 모른다. 그런 UI의 변화가 일어날 것을 예견해서 그는 AI 연구에 매진하고 있다.

분명 미래에는 'AI의 대단함'이 일상의 전제가 된다. 그때 중요한 것은 **인간이 어떤 형태로 AI 서비스를 누리고 싶어 할 것인지, 그 형태를 상상하는 것**이다. 'AI가 인간의 일을 빼앗는다'라는 관점에서 생각한다면, 분명 AI로 대체 가능한 일을 하는 사람은 방향 전환을 검토할 필요가 있을 것이다. 구체적으로는 콘텐츠를 구성하는 각 요소를 만드는 일, 즉 텍스트, 이미지, 디자인, 영상, 음악 등 콘텐츠의 분업화된 부분은 앞으로 수년 사이에 AI로 전환될 가능성이 높다.

따라서 '서비스나 콘텐츠의 전체상'을 생각하는 것이 중요하다. 그런 의미에서도 크리에이터가 혼자서 스마트폰 하나로 콘텐츠의 전체상을 완성하는 숏폼은 미래의 콘텐츠를 생각하는 훌륭한 훈련이 된다.

앞으로 숏폼 크리에이터는 숏폼 크리에이티브 디렉터로서 활약의 장을 넓혀 나갈 것이다. 다양한 기업의 틱톡 계정 컨설팅을 하는 '마쓰다 가의 일상(マツダ家の日常)' 채널[8]의 세키 미나티関 ミナティ, 그리고 앞에 여러 번 예로 들었던 유코스는 그 선구자다. 이런 마인드를 가지고 숏폼과 마주하는 사람은 자연스럽게 AI 시대에도 살아남을 수 있지 않을까?

---

8 https://www.tiktok.com/@matsudake

Special Contents

SNS 계정과
틱톡 완전 정복

CCC를 활용한 SNS 계정 구성

CCC

Context	Concept	Content
[예] '과거 아이돌', '교실에 꼭 한 명은 있을 법한 녀석'	[예] '인기 크리에이터', '도쿄의 대학생'	[예] '하우투 동영상', '브이로그 동영상이나 검증 동영상'

이 책을 여기까지 읽은 여러분에게 실천의 기회를 제공하고 싶다. 이 프레임에 따라 본인이나 기업, 브랜드의 계정을 같이 만들어보자.

CCC란 콘텍스트, 콘셉트, 콘텐츠의 이니셜을 딴 프레임이다.

① 콘텍스트

콘텍스트란 사람이나 기업, 브랜드가 기존에 쌓아온 역사나 퍼스널리티에 의해 만들어진다. 그러므로 콘텍스트는 하루아침에 만들 수 있는 것도 아니며, 다른 곳에서 간단히 빌려올 수 있는 것도 아니다. 자신의 콘텍스트를 마주하는 것이 크리에이터가 되는 과정에서 가장 중요할지도 모른다.

② 콘셉트

콘셉트란 한마디로 주변 사람이 '아, 그렇구나'라고 이해할 수 있는 개념을 명확하게 언어화한 것이다. 의미를 알 수 없는 단어를 조합해서 콘셉트를 만들면 주변에서 이해할 수 없으므로 기존 단어의 조합으로 생각하는 것이 좋다. 틱톡에서 유명한 '도쿄 맛집東京グルメ'이라는 계정은 그 계정명을 보는 것만으로 어떤 동영상을 업로드하는지 단번에 알 수 있다.

③ 콘텐츠

콘텐츠란 본래 컨테이너의 내용물을 가리키는 단어다. 서적이라는 컨테이너의 내용물로는 소설이나 평론 등이 있는 것과 마찬가지로, 동영상이라는 컨테이너의 내용물에는 브이로그vlog[1]나 하우투 동영상 등 다양한 형태가 있다.

이를 바탕으로 다음과 같은 문장 포맷으로 써보자.

- ○○이라는 콘텍스트를 바탕으로
- ○○을 콘셉트로 삼아
- ○○을 콘텐츠로 만든다.

'그렇게 말해도 잘 모르겠다'라고 말하는 여러분을 위해 몇 가지 예시를 들어보겠다.

- 유코스의 경우
  - '과거 아이돌'이라는 콘텍스트를 바탕으로
  - '인기 크리에이터'를 콘셉트로 삼아
  - '하우투 동영상'을 콘텐츠로 만든다.
- 슈이치로의 경우
  - '교실에 꼭 한 명은 있을 법한 녀석'이라는 콘텍스트를 바탕으로
  - '도쿄의 대학생'을 콘셉트로 삼아
  - '브이로그 동영상이나 검증 동영상'을 콘텐츠로 만든다.

이런 식으로 **콘텍스트에 뒷받침되는 요소를, 직감적으로 나타내는 콘셉트로 정리하여, 그것을 가장 강력하게 표현할 수 있는 콘텐츠에 담아내는 것**이 중요하다. 이 수법은 앞서 설명한 사분면의 프로페셔널형에서 행하면 가장 재현성이 높

---

1 자신이 좋아하는 것 등 라이프 스타일이나 일상을 동영상으로 공개하는 콘텐츠의 한 형태를 말한다.

다. 예를 들어 이 프레임을 사용해 유제품 기업의 계정을 생각해보자.

- 유제품 기업의 경우
  - '장에 좋은 식품을 제조해왔다'라는 콘텍스트를 바탕으로
  - '변비 탈출'을 콘셉트로 삼아
  - '레시피 동영상'을 콘텐츠로 만든다.

어떤가? 얼핏 숏폼과 인연이 없어 보이는 비즈니스를 하는 회사여도 콘텍스트와 콘셉트를 정리하면 자연스레 딱 맞는 콘텐츠가 도출된다는 사실을 알 수 있다.

반복하지만, 여기에서는 자기가 멋대로 만든 언어를 콘셉트로 삼아서는 안된다. 예를 들어 '취미 그래퍼'라거나 '꿈의 여행자'라거나 '책상 위의 정리꾼' 같은 것은 콘셉트가 아니라 촌스러운 캐치프레이즈다. 누구나 한눈에 같은 경치가 떠오르도록 명확한 언어로 표현하는 것을 의식하자.

'○○ 공식 크리에이터' 같은 것도 좋지 않다. 여기의 ○○에는 소속한 조직이나 기업의 이름이 들어갈 것이다. 하지만 떠올려보자. 이 프레임워크는 SNS라는 막대한 우주에서 그 ○○이 어텐션을 획득하기 위해 진행하는 것이라는 사실을 말이다. 콘셉트에 구체적인 고유명사를 넣더라도, 안타깝지만 세상의 많은 사람은 '그런 거 알 게 뭐야'라고 생각할 것이다. 누구나 공감할 수 있으며 적절한 수준의 추상도를 갖춘 일반명사를 사용해야 한다는 것을 유념하자.

마지막의 콘텐츠도 마찬가지다. '발명보다 발견'이라는 표현으로 몇 번이고 설명한 것처럼, 억 단위의 사람이 매일 동영상을 업로드한 결과, 동영상에는 특정한 형태라는 것이 존재한다. 따라서 해시태그 볼륨이 제대로

존재하는 형태를 찾아 콘텐츠를 그것에 꿰어 맞추자.

'최근에 어떤 책을 읽었냐'는 질문에 '연애소설을 읽었다'라고 답하면 쉽게 이해가 되고 대화도 원활하게 흘러간다. 하지만 그때 '내가 마음 편히 있을 수 있는 곳을 발견하고 미소 짓게 되는 소설'이라고 답한다면 미안하지만 필자를 포함한 많은 사람이 '이 녀석, 무슨 말 하는 거야?'라고 생각할 것이다.

그것은 어디까지나 '연애소설'을 읽고 느낀 감상이 '내가 마음 편히 있을 수 있는 곳을 발견하고 미소 지었다'는 것일 뿐이다. 자유로운 연기가 허용되는 것은 콘텍스트뿐이다. 하지만 자기 소개가 긴 사람의 이야기는 요즘 시대에는 아무도 들어주지 않는다.

심플하게 한마디로 말하자. 시대는 이미 '숏폼'이니까.

틱톡 완전 공략 매뉴얼

1 동영상: 메인 콘텐츠
일주일에 2개 이상의 업로드를 목표로 삼는다.

```
<     계정명      🔔 …

         @ ………
  ○○○   ○○○   ○○○
  팔로우 수  팔로워 수  좋아요 수
  [ 팔로우 중 ]  [▶]  [▼]
  자기 소개나 링크를 여기에 기재

  [고정됨] [고정됨] [고정됨]
```

최대 3개의 게시물까지 핀 고정이 가능

2 라이브
신규 팬과 이어진다.

※일정 조건을 만족하면 라이브 방송 가능

```
  😊     계정명     ○○○
                   시청자 수



         시청자들의 댓글창

         각종 기능 버튼
```

라이브도 추천 피드에 나오므로 팔로워 바깥에서도 유입된다.

컬래버레이션 방송이나 선물이 가능

3 스토리: 공지가 편리
인스타그램과 비슷한 감각으로 OK

24시간이 지나면 자동으로 사라지며, 핀 고정 게시물 다음에 표시된다.

'스토리' 표기가 붙으며, 팔로워에게만 '추천 피드'에 표시된다.

키포인트 댄스 동영상은 게시물 수가 많으므로 초반 부분에서 차이를 드러낸다.

최초의 2초(훅)를 만드는 3가지 방법

1 댄스보다 얼굴에 주목이 가는 화각으로 한다. (난이도: ★☆☆☆☆)
▶'화장 귀여워' 같은 댓글을 노린다.

2 댄스와는 별도로 댓글이 활성화될 만한 내용을 담는다. (난이도: ★★☆☆☆)
▶텍스트에 관한 댓글을 노린다.
예: '실은 저 ○○이에요', '4월부터 △△입니다'

3 동영상의 퀄리티 (난이도: ★★★★☆)
▶세계관으로 팬을 만든다.
예: 커플이 커플 코디를 하고 유행하는 노래를 부르고 춤춘다.

1 개시 6초 만에 누가 무엇을 하는 동영상인지를 전부 전한다.

 GOOD   ✕ BAD

• 크리에이터의 얼굴이 나온다.
• 자막으로 테마를 전한다.
• 아이템을 알기 쉽다.

• 무슨 동영상인지 알 수 없다.
• 너무 클로즈업해서 누구인지 알 수 없다.

2 중요한 자막이나 아이템, 얼굴은 세이프 존 안에 담는다.

- 틱톡에서 동영상을 볼 때, 댓글창이나 아이콘 등이 동영상에 겹친다.

- 오른쪽 그림에서 두꺼운 선으로 감싼 사선 부분이 아무것도 겹치지 않는 구역이므로, 이곳에 중요한 아이템이나 정보가 담기도록 촬영한다.

자막 등

3 아이템 셀렉트

키 포인트 인스타 감성보다 동영상 감성. 화장품도 시즐감이 중요

 GOOD

- 컬러 베리에이션이 있다.
- 촉촉하고, 매끄럽고, 반짝여서 보다 보면 기분 좋다.

BAD

- 가성비는 좋지만 스테디셀러 제품
- 모두가 알고 있기에 놀라움을 자아내기 어렵다.

4 **#해시태그**

`키포인트` 메이크업 트렌드는 해시태그로 알 수 있다. 시청 횟수가 많은 메이크업 장르를 선택해서 흉내 내보자.

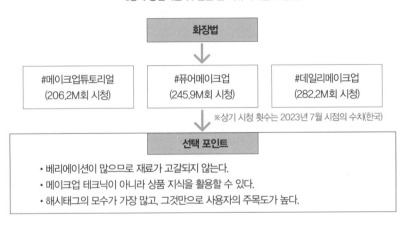

해시태그 정하는 법

계정에 공감해줄 것 같은 큰 커뮤니티를 고른다.

화장법

↓

#메이크업튜토리얼 (206.2M회 시청)	#퓨어메이크업 (245.9M회 시청)	#데일리메이크업 (282.2M회 시청)

↓ ※상기 시청 횟수는 2023년 7월 시점의 수치(한국)

선택 포인트

- 베리에이션이 많으므로 재료가 고갈되지 않는다.
- 메이크업 테크닉이 아니라 상품 지식을 활용할 수 있다.
- 해시태그의 모수가 가장 많고, 그것만으로 사용자의 주목도가 높다.

5 **음악 · 내레이션**

`키포인트` 상품 소개나 브이로그에서도 트렌드 음원을 사용해 스킵 방지

- 트렌드 음원은 모두가 요즘 듣는 '귀에 익숙한' 음원
- 모르는 음원보다는 들어본 적 있는 음원을 고르면 내용과 관계없이 스킵될 가능성이 낮다.
- 평소 동영상을 보면서 신경 쓰인 노래를 계속해서 '즐겨찾기에 추가'할 것

`키포인트` 내레이션은 살짝 빠른 정도가 틱톡에 어울린다.

- 유튜브나 인스타그램과 비교할 때 살짝 빠른 말투, 조금 템포를 빨리 한다.
- 내레이션은 편집으로 빠르게 해도 OK
- 내레이션을 넣기 어려운 경우에는 자막을 넣어도 OK

틱톡 최대의 매력

▼

추천 기능

일정한 시간 내에 **좋아요 · 댓글 · 즐겨찾기 · 공유 · 재생 완료율** 등의 수치가 좋으면 더 많은 사용자에게 확산된다.

▶▶▶ 추천 피드에 오르기 위한 3가지 포인트

| 게시물 수를 늘린다 (기준: 최저 주 2회). | 사전에 고지한다. | 댓글을 달고 싶어지는 동영상으로 만든다. |

▶▶▶ 댓글에 대한 답글은 필수

- 추천 피드에 오르려면 좋아요, 댓글, 즐겨찾기, 공유 수가 중요
- 특히 팬이 단 댓글에 답글을 달면 다시 대댓글을 달아줘서 하나의 동영상당 댓글 수가 늘어나거나, 다음에 올리는 동영상에도 답글을 기대하는 댓글이 늘어난다.

예 ①: 요리
사용자: 저도 ○○ 좋아하는데 다음에 꼭 만들어볼게요!
→ 게시자: 꼭 한 번 만들어보세요! 요즘 시즌에는 △△로 만들어보는 것도 추천해요.

예 ②: 메이크업
사용자: □□ 씨, 이것 말고 추천하는 메이크업 용품 가르쳐주세요!
→ 게시자: ××의 ▽▽는 어떨까요?

예 ③: 의류
사용자: 이 상의, 어디 브랜드 건가요? 갖고 싶네요.
→ 게시자: 댓글 감사합니다. ◇◇에서 찾아보세요!

키포인트 팔로워를 늘리기 위해 라이브 기능을 활용한다.

> **틱톡에서는 분모가 큰 팔로워 외의**
> **유입이 성공의 열쇠**

추천에 노출되는 방법은?

1 업로드 후, 일정 시간 내에 인게이지먼트를 모은다.
※라이브의 경우, 댓글이 가장 효과적(라이브의 분위기도 띄울 수 있다)

2 업로드 후, 일정 시간 내에 인게이지먼트를 모은다.

─── 좋은 사례: 이요짱(@iyochan_) ───

정기적인 라이브, 평소의 방송 스타일과 다르지 않은 흉내 메이크업, 댓글을 달기 쉬운(딴죽을 걸기 쉬운) 주제 or 라이브 방송에서 인기 포맷인 ASMR로 방송함. 그 결과, 추천 리스트에 포함→신규 유입을 재촉할 수 있어 한 번의 라이브 방송으로 3~4천 명의 팔로워를 획득, 단기간에 계정의 실적을 늘렸다.

라이브도 무엇을 하는지가 중요. 화면상으로 알 수 있도록 한다.

 GOOD
- 라이브의 목적을 알기 쉽다.
- 댓글이 유도된다.

 BAD
- 무엇을 하는지 알 수 없다.
- 무엇을 댓글로 달아야 할지 알 수 없다.

[촬영 시]

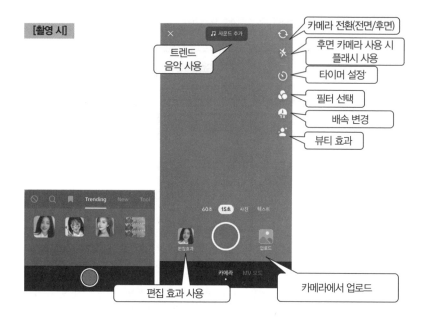

카메라 전환(전면/후면)

후면 카메라 사용 시 플래시 사용

타이머 설정

필터 선택

배속 변경

뷰티 효과

트렌드 음악 사용

편집 효과 사용

카메라에서 업로드

[편집 및 게시 시]

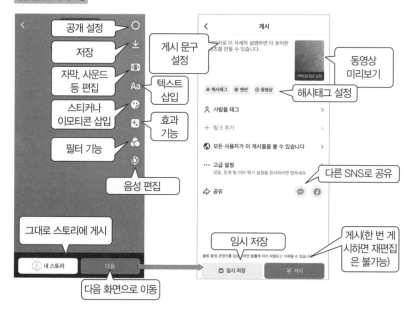

공개 설정

저장

자막, 사운드 등 편집

스티커나 이모티콘 삽입

필터 기능

게시 문구 설정

텍스트 삽입

효과 기능

음성 편집

동영상 미리보기

해시태그 설정

다른 SNS로 공유

그대로 스토리에 게시

임시 저장

게시(한 번 게시하면 재편집은 불가능)

다음 화면으로 이동

Ending

재생을 멈추고
녹화를 시작하자

당신들은 누구인가?

영화를 좋아한다. 소설을 좋아한다. 두 시간을 꽉 채워 즐길 수 있는 단단한 콘텐츠를 사랑한다. 무라카미 류의 《사랑과 환상의 파시즘》이나 데이비드 핀처의 〈파이트 클럽〉이 없었다면 나는 지금의 내가 아니었을 것이다. 집에 돌아오면 나는 큰 화면으로 영화를 본다. 종이책으로 소설을 읽는다. 그때마다 내일을 살아갈 힘을 얻는다.

스마트폰을 싫어한다. SNS를 싫어한다. 무엇과도 바꿀 수 없는 시간을 빼앗는 이것들을 나는 정말이지 싫어한다. 조금만 봐야지, 하고 보기 시작하면 끊임없이 뇌에 기분 좋은 자극이 반복되고, 어느새 깨닫고 보면 두 시간이 지나 있다. 아아, 이 시간에 다른 무언가를 할 수 있었을 텐데, 하고 토요일 낮부터 후회를 불러일으키는 이것들이 정말 싫고 싫어서 견딜 수 없다.

나는 동영상이 새로운 크리에이티브 흐름의 중심에 있다고 믿고, 그 표현을 모색하는 회사를 창업했다. 거기에서 알게 된 것은 스마트폰과 SNS는 동영상을 낳은 부모라는 점과 동시에, 동영상을 그로스 해킹growth hacking [1] 이나 PDCA 사이클 같은 창의적 콘텐츠의 숙적에 꿰어 맞추는 존재이기도 하다는 너무 슬픈 현실이다.

제아무리 창의적인 연구를 해내거나 편집에 시간을 잔뜩 들이더라도 어텐션의 역학을 무시한 콘텐츠의 재생 횟수는 꿈쩍도 하지 않는다. **사람과 콘텐츠의 만남을 조종하는 추천 엔진이라는 '신'**을 무시하는 것은 그야말로 누구도 불가능하다. 나는 신에게 저항하기를 포기하고 그 규칙 안에서 싸우는 기술을 생각했다.

그것을 정리한 것이 전작 《동영상 2.0》이자, 그 최신판인 이 책이다.

나와 같은 올드한 유형과는 다르게 뉴타입인 새로운 세대의 크리에이터는 태어나면서부터 그로스 해킹도 PDCA 사이클도 능숙하게 사용하는 것처럼 보인다. 동영상은 밈처럼 바뀌며 몇 가지 형태가 생겨났고, 그 형태에 올라타서 누구든 크리에이터가 되어 간다. 지금은 누구나가 어텐션을 빼앗는 기술을 구사하는 춘추전국 시대에 돌입했다.

여러분의 어텐션은 롤플레잉 게임으로 비유하면 MPmagic point 같은 것이다. 하룻밤 자거나 에너지 드링크를 마시면 회복할지도 모르지만, 기본적으로 그것은 유한하며 다른 것과 바꿀 수 없다. 그런 귀중한 어텐션을 언제까지 누군가가 만든 심심풀이 땅콩으로 날려버릴 것인가?

이 책에서 말한 것처럼 숏폼의 파워는 강력하다. 아주 약간의 의지력으로

---

1 **옮긴이_** 데이터를 바탕으로 제품이나 서비스의 핵심 지표를 파악하고 실험을 통해 핵심 지표를 개선하면서 성장을 일궈내는 마케팅 방법론이다.

는 그 유혹을 이겨내기 쉽지 않다. 살아남는 방법은 단 하나다. **누군가에게 어텐션을 빼앗기기 전에 여러분이 누군가의 어텐션을 빼앗는 것을 만드는 수밖에 없다.** 이 책을 여기까지 읽은 당신이라면 그것을 할 수 있다.

중독성으로 가득 찬 디바이스와 시스템이 전 세계인들의 마음을 전부 빼앗기 전에, 여러분이 그중 일부를 나눠 가진다고 해서 천벌이 내리지는 않을 것이다. 여러분은 누군가를 팔로우하기 위해 태어난 것이 아니다. 그러니까 지금 당장 사고를 바꾸자. 팔로우하는 것이 아니라 팔로우 당하는 쪽이 되자. 시간을 빼앗기는 쪽이 아니라 빼앗는 쪽이 되자.

20년 전, 학생 시절의 나는 48개월 할부로 소니의 디지털 비디오 핸디캠 VX2000과 수트케이스처럼 커다란 파워 맥 G5를 사서 영상 제작을 하며 밤낮을 지새웠다. 몸에서 불이 날 정도로 아르바이트를 해야만 겨우 콘텐츠를 만드는 준비가 가능했던 시대였다.

하지만 지금은 그럴 필요가 없다. 테크놀로지가 모든 것을 바꿨다. 스마트폰 하나만 있으면 누구든 콘텐츠 만들기에 도전할 수 있다. 프로용 카메라보다 필터가 뛰어나다. 컴퓨터를 사용하지 않아도 앱으로 간단히 편집할 수 있다. DVD를 굽는 것이 아니라 SNS로 순식간에 공유할 수 있다. 방 한쪽에서 만든 콘텐츠는 세계 어디든 갈 수 있다. 지금은 '그 책(《동영상 2.0》)을 읽고, 크리에이터가 되었어요'라는 말을 들을 때마다 내가 세상 속에 남긴 것은 '동영상'이 아니라, '크리에이터'였다는 사실을 통감한다.

세로형 숏폼의 세계는 지금 가장 많은 새로운 크리에이터가 태어나는 장소다. WEB 3이 불러온 불가역적인 분산화는 크리에이터를 더욱 독립적인 존재로 나아가게 한다. 플랫폼이 변화하고 동영상이 콘텐츠의 주역이 아니게 된다고 해도, 크리에이터가 만들어낸 무언가를 사람들이 즐길 것이라는 점은 다르지 않다.

그렇다면 더더욱 여러분은 자신의 시간을 빼앗는 것에 가운뎃손가락을 세우고, 가장 귀중한 자원인 '어텐션'을 쏟아부어야 한다. 그런 식으로 만든 것만이 수용자로서 콘텐츠를 소비하기만 하는 누군가의 인생을 역설적으로 바꿀 가능성이 있기 때문이다.

나는 그런 것을 이뤄낼 미래의 크리에이터 인생에, 즉 바로 지금 크리에이터가 되려고 하는 여러분에게 스포트라이트를 비추고 싶어서 오늘도 열심히 일하고 있다.

특별한 존재가 되고 싶다면, 무엇보다 먼저 고독과 마주해야 한다. 고독 속에서 송곳니를 계속해서 날카롭게 가는 일이 무엇보다도 여러분을 성장하게 만들어준다. 언젠가 그 송곳니의 날카로움이 세상에 드러나는 날이 온다. 그것이 인생의 새로운 시작이다.

그러니 그때까지 익숙함을 두려워하고 고독을 사랑하자. 분명 고독은 여러분을 어른으로 만들어줄 것이다.

"당신들은 누구인가?"

지금 그런 질문을 받는다면 자신만만하게 이렇게 답하자.

"우리는 크리에이터다. 누군가의 세계를 바꿀 계기를 만드는 위험한 녀석들이다."

자, 재생을 멈추고 녹화를 시작하자. 여러분의 인생 전부가 콘텐츠다.

2022년 여름에 있었던 일이다. 내가 올린 "솔직히 틱톡을 제대로 풀어낸 《동영상 3.0》[2]을 쓰고 싶어"라는 트윗을 보고 반응한 젊은 편집자가 있다. 오사와 모모노다.

대학을 졸업하고 곧장 인터넷 광고를 주로 취급하는 광고대행사에 들어갔지만, 어떻게든 책을 만들고 싶어서 이직했다. 아직 자신이 담당해서 책을 만든 적은 없다. 그녀는 그렇게 말하면서 글자로 가득 채운 두툼한 기획서를 가지고 왔다.

사람은 왜 창작이라는 것에서 모티베이션을 느낄까? 굳이 책을 만들지 않더라도, 굳이 동영상을 만들지 않더라도 지금 시대에는 얼마든지 돈을 벌 수단이 있다. 지금뿐만 아니라 크리에이티브 업계는 언제든 그런 취급을 받았을지도 모른다.

그녀에게는 다양한 일의 선택지가 있었을지도 모르지만, 그럼에도 책을 만드는 길을 선택한 확고한 이유가 있었고 그것은 누구도 발을 들일 수 없는

2　**옮긴이_** 저자의 전작인 《동영상 2.0》의 후속작을 쓰고 싶다는 의미다.

그녀만의 성역이다. 창작에 관한 일을 하는 사람들은 누구나 그런 성역을 마음에 품고 있다. 나 또한 그랬던 것처럼 말이다.

인정한다. 누군가 연락해주면 좋겠다는 정도의 가벼운 마음으로 올린 트윗이었다. 내 안에 과거에 존재했던 뜨거운 마음은 코로나 사태와 함께 말라버렸다. 정말로 힘들었기 때문이다. 회사와 사원을 지키는 일에 분투했고, 그것의 연장선에 있는 하루하루가 무척이나 바빴다. 그리고 40세 생일 직전의 아저씨가 된 내게는 창업 당시의 넘쳐나던 에너지가 거의 남아 있지 않았다.

내 친구이자 《동영상 2.0》의 편집자이기도 한 미노와 고스케는 이런 말을 했다.

작은 책 시장에서 십만 부라는 히트는 '단 한 명의 열광'이 없으면 얻을 수 없다.
누군가가 주체가 되어 온 힘을 쏟아부어서 만들지 않으면 열기는 만들어지지 않고
동료도 불러들이지 못하며 결과적으로 세상을 떠들썩하게 만들 수 없다.

열광.

만약 열광이라는 것에 재현성이 있다면 그것은 처음에 깃들어 있는 것 아닐까? 내 열광은 《동영상 2.0》에서 소진되었을지도 모른다. 하지만 그녀에게 처음으로 깃든 열광의 불씨를 빌리면 내 마음에 또다시 불길이 되살아날지도 모른다. 그렇게 4년 만의 책 제작이 시작되었다. 하지만 사업이 성장한 지금은 현실적으로 이전처럼 모든 집필을 스스로 하기는 어려운 것처럼 보였다. 대필가의 힘을 빌리는 것이 현명했다.

오사와 모모노大澤 桃乃는 ○○나 △△는 어떠냐고 물었다. 이른바 경제경영서 업계에서 유명한 대필가의 이름이었다. 실적도 많고, 관여한 책은 안정적으로 판매되며 높은 평가를 받는 사람들이다. 하지만 과연 그것으로 괜찮을까? 과연 거기에 열광이 있을까?

주저하면서 데스크로 돌아오자, 인터뷰 원고의 확인 의뢰가 와 있었다. 그러고 보니 얼마 전에 줌으로 인터뷰를 한 적이 있었다. 이렇게 인터뷰를 정리한 기사에 내가 단번에 OK를 낸 적은 한 번도 없었다. 말의 뉘앙스나 논의 구성이 항상 어딘가 미묘하게 달라지기 때문이다. 오늘도 교정에 힘써

야겠다는 생각을 하며 의자에 고쳐 앉은 채 원고 파일을 열었다. 기사를 읽었다. 깨닫고 보니 마지막까지 술술 스크롤한 상태였다. 처음 있는 일이었다. 상대방에게 이 원고를 담당한 라이터의 이름을 알 수 있는지 물었다.

그렇게 만난 것이 이 책의 대부분을 집필해준 다나베 아이리다. 시대가 시대이니만큼 처음에는 줌으로 인사했다. 솔직하게 이번에 책을 출판할지도 모르는데 집필을 부탁드리고 싶다고 전하자, 그녀는 "지금까지 인터넷 기사밖에 써본 적 없는데 괜찮은가요?" 하고 되물었다. 지금까지 이 책을 읽은 여러분이라면 내가 다음으로 무슨 말을 했을지 상상이 갈 것이다.

"오히려 그 편이 더 좋습니다!"

처음으로 책을 만드는 편집자와 처음으로 종이책을 집필하는 라이터. 두 사람의 열광의 힘을 빌려서 이 책은 놀랍게도 약 12만 자(일본어판 기준)에 이르는 초대작이 되었다.

각 장의 콘셉트가 되는 서두의 문장을 내가 쓰고, 그것을 바탕으로 그녀들이 취재용 질문을 준비했다. 세 시간에 이르는 긴 시간의 취재를 세 번 반복하며 이 책의 원형이 완성되었다. 그 취재 도중 나는 허리가 삐끗하고 말았다. 마사지에 이렇게 많은 돈을 쓴 것은 인생 처음이었다.

이 책은 결코 나 혼자만의 힘으로는 만들 수 없었다. 오사와 모모노와 다나베 아이리의 열광이 나를 또 도전하게 만들어주었기에 이 책이 존재한다.

정말로 고맙다. 두 사람의 미래에 다시금 커다란 열광이 찾아오기를 바란다.

그 여름, 몇 번이고 읽어서 너덜너덜한 《동영상 2.0》을 가지고 내게 말을 걸어준 젊은이를 다시 만나기 위해, 그런 젊은이들이 동영상으로 이 세계를 조금 놀라게 하는 미래를 지켜보기 위해, 지금 내가 가진 지식과 긍지 전부를 아낌없이 쏟아붓고 이렇게 책으로 만든 것이다.

그것은 크리에이터가 되는 젊은이를 한 명이라도 더 늘리고 싶다는 제멋대로의 기도일지도 모른다.

누구나 고민 없이 사는 것은 어렵다. 하지만 자유롭게 살 수는 있다. 자유에는 책임이 동반된다. 그러므로 할 수 있는 한 최대한의 힘을 써서 자유를 얻어내야 한다. 그러니까 오늘도 새로운 것에 도전하자. 그렇게 하면 상상력의 샘물은 반드시 솟아날 것이다. 이 책이 여러분의 미래를 향한 여정을 상냥하게 지켜보는 존재가 되길 진심으로 바란다.

이 책에는 학창 시절 영상 제작에 빠지고, 유튜브를 만나 인터넷의 가능성을 알게 되고, 20대를 시시한 일만 하며 형편없이 살고, 30대가 된 후에 정말로 하고 싶은 일에 도전하고, 40대를 맞이해 완전히 불타버릴 뻔한 남자의 거의 모든 것이 담겨 있다.

마지막까지 읽어줘서 고맙다.

자, 지금 당장 이 책을 던져라. 여러분이 다음에 봐야 할 것은 렌즈 너머에 있다.

Special Thanks

감독 Directed by
아카시 가쿠토 Gakuto Akashi

주연 Leading Actor
아카시 가쿠토 Gakuto Akashi

각본 Screenplay
다나베 아이리 Airi Tanabe

번역 Translation
구수영 Suyoung Ku

각색 Adaptation
이정화 Junghwa Lee

시각효과 Visual Effects
김연정 Yeonjeong Kim

편집 Edited by
김은미 Eunmi Kim

제작 Production
제이펍 J-Pub Co., Ltd.